Les incroyables **énigmes policières** et faits divers

Christian-Louis Eclimont

Les incroyables **énigmes policières** et faits divers

Sommaire

Préface
Sur la piste du crime et du fait divers

Comme la littérature ou la musique comptent leurs classiques, leurs standards, le crime possède les siens, échelonnés au fil d'une actualité qui n'a de cesse d'expirer en se renouvelant. Pour autant, indemnes face à cette fatalité, les crimes s'ancrent dans la mémoire collective, jalons funestes d'une chronologie semée de faits divers – ledit fait divers à la fois générique, réceptacle et motif principal quand il est le crime en soi. À proprement parler, ce sont moins les modes opératoires dans les détails qui subsistent d'eux qu'une mise en place globale, une époque, une date, un milieu, un patronyme, autant de repères dissociés, ou non, qui ponctuent nos souvenirs d'un temps évanoui à l'échelle de notre vie ou de l'Histoire. Dès lors, par une sorte d'euphémisme que la mémoire impose, on aurait moins tendance à parler de crime que d'affaire quand celle-ci induit un mystère, une énigme, d'innombrables démêlés sur un fond judiciaire. Les criminels ne sont pas des héros, ils sont les empreintes négatives d'une réalité sous-jacente qui croupit dans les bas-fonds de nos consciences.

Le XXe siècle, que nous quittons à peine, aura amplement fourni sa part de méfaits à répertorier par spécialités ; le crime est aussi divers dans ses motivations que dans ses applications. Lesquelles donnèrent lieu à de savantes investigations, à de flambantes plaidoiries quand il s'agissait moins d'absoudre le criminel que de tenter d'expliciter ses sombres desseins. Sans parler de la difficulté à laquelle se heurtait le jaillissement de la vérité, l'entêtement des faits accouchant parfois de terrifiants aveux qui remuèrent l'opinion avide de se rassurer ou de frémir.

À cet effet, la presse, dont le rôle nous intéresse ici, joua pleinement son rôle de diffuseur, d'amplificateur parfois, pour le pire ou pour le meilleur – lorsqu'elle collabora à blanchir un innocent ou à le réhabiliter. Dans la plupart des circonstances, le crime et son auteur se seront illustrés à la une, pourvoyeurs d'une abondante littérature journalistique ou au cœur d'ouvrages dédiés. Partant, par quelques grands cas emblématiques de ces maux – et mots –, nous vous proposons de revisiter, et peut-être de découvrir, les affres d'une actualité enfouie, exhumée. D'hier, et donc d'aujourd'hui.

Christian-Louis Eclimont

Introduction
D'encre et de sang
Dans la presse et dans les faits

Depuis le meurtre d'Abel par Caïn, il est établi que le crime est très généralement une affaire de famille, d'origine ou élargie, de proches, sinon d'étrangers se disputant des intérêts plus ou moins avoués ou avouables. L'amour, la passion, l'argent, la jalousie, le pouvoir : les mobiles sont toujours les mêmes. Ses motivations s'avérant innombrables à l'échelle des frustrations humaines, le crime perdure partout sur la planète.

De sang

Premier « média » témoin du démêlé tragique entre deux frères, Abel et Caïn : la Bible (Genèse 4.1, 15). Déjà, l'encre et le sang avaient partie liée. Souci de témoigner, de révéler, les premières lignes s'écrivirent...

Par essence, le crime se répartit en deux camps nets et inéquitables, celui des auteurs et celui des victimes. Sa beauté, la fameuse beauté du crime, découle d'une combinaison sourde de sa préméditation et de sa méthode. Laquelle se conjugue à tous les modes opératoires : à la main, à la corde, à l'arme blanche, à la poudre, rifles et explosifs, à l'eau (la noyade), à la fiole, au poison, par la disparition pure et simple. Et plus par déclinaisons...

Anonyme au départ, le crime finit la plupart du temps par révéler sa signature. Il en est de très célèbres, résonnant de sortilèges indistincts, d'embrouilles crapuleuses, de règlements de comptes, de passions mortifères dictées par le sentiment de la trahison ou la cupidité, une somme qui puise aux abysses troubles de la nature humaine. Lorsqu'il n'est pas élucidé, il vire au mystère, la presse et la littérature se chargeant de l'entretenir : si le crime se passe volontiers de la presse, celle-ci s'en nourrit, lui étant redevable *via* le traitement du fait divers croustillant.

Pour une sélection succincte dans l'Histoire, quelques noms subsistent qui font frémir : Villon – comme quoi l'on peut être poète et assassin ; Ravaillac – un as suicidaire du crime politique ; Lacenaire – autre poète, qui se distingua sur le boulevard du Crime ; Jack l'Éventreur – Jack the Ripper, à la légende intemporelle par défaut d'identification ; Jesse James, John Dillinger – braqueurs, chefs de gang ; Bonnie and Clyde – au féminin-masculin, romantiques et déglingués, dont les États-Unis, avides d'exporter leur culture, ne se seront pas privés de diffuser, par la littérature et le septième art, la carrière spectaculaire.

Tueurs en série notoires, pervers polymorphes, truands cyniques spécialisés dans le rapt, l'infanticide, parfois les deux, la liste s'allonge. Ainsi, au XIXe siècle, Joseph Vacher, le Jack l'Éventreur du Sud-Ouest, Victor Prévost, le boucher de la Chapelle ; dans les années trente, Landru, le Barbe-Bleue de Gambais ; dans les années quarante, le docteur Petiot, alias François Wetterwald ou capitaine Henri Valeri – tous dotés d'une postérité littéraire et cinématographique établie ; puis Buffet et Bontems, les tueurs de Clairvaux en 1971 ; Jacques Mesrine, l'ennemi

public n° 1 en 1978 ; ou, plus près de nous encore, Michel Fourniret, l'ogre des Ardennes.
Au féminin singulier ou pluriel, le palmarès s'étoffe : Marie Lafarge, une empoisonneuse à l'arsenic et au lait caillé, vers 1840 ; le genre fit florès en jupons grâce à Marie Besnard, en 1949, la Bonne Dame de Loudun – toutes deux disciples de la Brinvilliers, l'héroïne châtiée de l'affaire des poisons en 1676, relayée par la plus grande criminelle en série de l'histoire de France, Hélène Jégado (1803-1852), experte en maniement de fioles vénéneuses. On pourrait ajouter ici Simone Weber, la diabolique de Nancy, condamnée à vingt ans de réclusion en 1991 pour le meurtre de son ex-amant – l'une de ces nombreuses « veuves noires » qui jalonnent le palmarès du crime frauduleux en France. Parfois, elles agissent en duo, telles les sœurs Papin dont le crime éminemment psychanalytique de leur patronne et de sa fille, au Mans, le 2 février 1933, fit couler des fleuves d'encre, tourner des rouleaux de pellicule, inspirant Jean Genet au théâtre (*Les Bonnes*, 1947). De même Violette Nozière, l'ange noir, parricide la même année.
Plus près de nous résonnent des noms liés tour à tour à l'infanticide, au crime justicier, à la complicité démoniaque : Véronique Courjault, Cécile Brossard, Florence Rey, Monique Olivier, épouse et subsidiaire de Michel Fourniret… Cependant, d'un point de vue sociologique, cette partition du crime par sexe ne suscite pas forcément l'adhésion des chercheurs. Martine Kaluzynski, attachée au CNRS, explique : « Il n'y a pas de criminalité féminine.

On est dans unc construction qui date du XIXe siècle. Il y avait des catégories pour s'occuper du criminel, il était fou, enfant, anarchiste, femme. Par principe, la spécificité d'un crime lié à la femme me gêne[1]. » Ici, nous l'aurons opéré dans un souci de clarté éditoriale.

Quoi qu'il en soit, par la tradition orale à la source des légendes noires puis avec le renfort de l'imprimerie par les feuilles, les gazettes, la presse, la littérature (le « polar ») et du cinéma, le crime s'est au fil des siècles imposé comme une activité humaine majeure, fût-elle monstrueuse, dont chacun se délecte en exutoire d'un péril redouté.

1. www.crimefeminin.fr.

D'encre

Depuis la moitié XIXe siècle, la presse se penche sur ces méfaits qui défraient la chronique. Le fait divers traité sous la forme dite de « nouvelles à la main » ou « occasionnelles » donnait lieu à des expositions mélodramatiques du délit, avec des relents moralistes dans la narration. C'était alors l'époque reine des colporteurs et des bonimenteurs, vendeurs de papier à domicile. On parlera bientôt, concernant ce genre de parutions, de « canards ».

Créateur du premier journal hebdomadaire, *La Gazette* (1631), Théophraste Renaudot (1586-1653) invite à intégrer en quelque sorte le fait divers dans sa parution. Dès le XIXe siècle, celui-ci sera l'un des ressorts essentiels de la vente d'hebdomadaires ou de périodiques. Deux écrivains, feuilletonistes, témoignent en ce sens : Paul Féval (1816-1887), auteur de *La Fabrique des crimes* (1866), et Gaston Leroux (1868-1927), reporter, auteur du *Mystère de la chambre jaune* (1907). Et quand le premier alléguait : « La France compte un ou deux millions de consommateurs qui ne veulent plus rien manger sinon du crime », à quelque trente ou quarante ans d'écart, le second appuyait : « La presse quotidienne commençait déjà à la fin du XIXe siècle à se transformer et à devenir ce qu'elle est aujourd'hui : la gazette du crime. » La denrée était précieuse, qui offrait à spéculer dans les domaines de la physiologie aux racines d'une éventuelle prédestination : la phrénologie, une science à tout le moins empirique pour déterminer une personnalité à partir des bosses du crâne. Dans une société compartimentée, le crime servait les théories de déterminisme social ou physiologique en vogue, dominées par la fatalité ou le désir gratuit de nuire.

Crimes des villes versus crime des champs, les deux finirent par semer un effroi mutuel. Sous un angle narratif, le lieu du crime, son décor, importe autant que sa nature profonde. « Chaque pavé de notre bonne ville de province est rouge », écrivait en 1863 Firmin Maillard, un historien de la capitale (*Le Gibet de Montfaucon*, Auguste Barby, 1863). Depuis l'ère romantique, la capitale soignait sa légende criminelle, nocturne de préférence – Eugène Sue, *Les Mystères de Paris* (1842-1843). Avec l'invention du roman policier en 1864 *via L'Affaire Lerouge* d'Émile Gaboriau (1832-1873) – qui s'y s'était déjà frotté avec *La Marquise de Brinvilliers* en 1861 –, le crime s'imposa nettement en distraction littéraire, alors que l'irruption de l'affaire

Troppmann en 1869 installait le fait divers au sommet de la délectation populaire. Rappelons que cette affaire, connue comme « le massacre de Pantin », tournait autour du meurtre de huit personnes.

La presse spécialisée avait ouvert la voie en 1825 avec la *Gazette des tribunaux*. Au quotidien, elle reportait l'actualité judiciaire relative au droit, à l'étude et à la pratique de la jurisprudence, ancrée par là même dans le crime et par extension dans le fait divers. Créé en 1876, *Le Petit Parisien*, premier quotidien (d'essence politique) aux tirages conséquents, ne se priva pas de cette rubrique estimée du lectorat. À plusieurs reprises, il mit le crime à la une. Le 22 juillet 1910, suite à l'affaire Brière – un quintuple meurtre que prétendit endosser après jugement le « très adéquat » Joseph Bourreau –, il affichait en gros caractères : « Un chemineau s'accuse du crime pour lequel Brière est mort au bagne. Est-il sincère ? Est-il fou ? Veut-il mystifier la justice ? » En 1938, à sa une composite, il mettait cette fois en exergue le « crime de Ville-d'Avray », relatant l'assassinat de la jeune Marcelle Desablin. La mode était lancée de placarder le crime en page d'appel au milieu des événements cruciaux de niveau national ou mondial. *Le Progrès illustré*, *Le Petit Journal*, autres quotidiens aussi éminents, agissaient de même.

Grâce à *L'Œil de la police*, fondé en 1908 et disparu en 1914, nous abordons la presse spécialisée. Sous-titré « Publication nationale – Romans de détectives et de police – Faits dramatiques, événements passionnels ou tragiques – Les drames de l'amour, les drames de la vie,

les drames de la mort », il ne cachait pas sa ligne éditoriale ; il paraissait le mercredi. Propriété de l'éditeur Jules Tallandier, il s'inspirait du concept des *Faits divers illustrés*, antérieur de trois ans, et qui découlait lui-même du périodique britannique *The Illustrated Police News*, créé en 1864 – en 1900, le journal de Tallandier revendiquait cinq millions d'exemplaires écoulés, un chiffre hallucinant vu d'aujourd'hui.
De chaque côté du Channel, où l'on était parvenu à un point identique de fascination pour les délits criminels, la formule séduisait. Couleurs vives, titraille qui claque, dessins soignés allégoriques ou détaillant le méfait, tant *L'Œil de la police* que *Les Faits divers illustrés*, rivaux sur un créneau analogue, usaient des mêmes armes – écrites : « Drame de la jalousie » – « Poignardée par son mari » – « De l'amour et du sang » – « La sauvagerie d'un père »... *L'Œil de la police* penchait du côté du drame familial, avec moult références aux mœurs perverties, quand son concurrent misait davantage sur le sensationnalisme brut avant l'heure : « Des assassins de dix ans » – « Romanichels voleurs d'enfants » – « Huit bébés assassinés » – « Le trottoir sanglant ». Des deux bords, les rédacteurs en chef s'y entendaient dans la surenchère pour rameuter un lectorat amateur d'ignominie refroidie. La Belle Époque, gourmande d'extravagances et de frissons, se réverbérait dans ces deux hebdomadaires peu économes en hémoglobine et en crapulerie, partisans d'imprévus extraordinaires, de catastrophes ponctuelles – pluie de crapauds –, de bizarreries en tout genre

– monstres à deux têtes – ou bien encore de délits non élucidés. Dès l'essor de cette presse, la loi du genre obéissait à des fondamentaux qui n'auront guère varié à travers les époques.

Plus que d'autres aussi abjects, certains crimes marquèrent leur époque. Celui de Joseph Vacher, le fameux éventreur de bergers en Isère (une trentaine censément), qui fut guillotiné en 1898 bien qu'ayant été reconnu défaillant par les psychiatres. Celui d'Albert Soleilland en 1907, violeur et meurtrier d'une fillette de onze ans, qui déclencha un feuilleton judiciaire sans précédent. Dans cette course à épisodes, *Le Petit Parisien* surgit en leader. Tandis qu'à la Chambre un débat avait été entamé sur l'abolition de la peine de mort, il organisa un référendum de lecteurs. Dans un contexte tordu, sur 400 000 d'entre eux, 70 % répondirent favorablement à son maintien, reportant ainsi le débat soixante-quatorze ans plus tard – l'abolition ne serait acquise qu'en 1981, grâce au ministre de la Justice de l'époque, Robert Badinter.

Dans le sens de l'opinion qu'elle contribuait à formater, *L'Illustration*, en exposant en vis-à-vis une image d'Albert Soleilland au bagne, une autre du même sous une guillotine, prenait parti : « Voilà où il est, voilà où il devrait être. » Condamné à mort, le 23 juillet 1907, le meurtrier fut gracié par le président Armand Fallières, et sa peine commuée en réclusion criminelle à perpétuité. Abolitionniste *de facto*, Armand Fallières dut essuyer une campagne de presse qui le vouait aux gémonies.

À leur façon, *L'Œil de la police* et *Les Faits divers illustrés* annonçaient la création de *Détective*, fondé en octobre 1928 par Gaston Gallimard, et qui faisait appel aux meilleures plumes du temps – dont celles de Joseph Kessel et de son frère Georges, alors rédacteur en chef. La photo, dorénavant partie prenante, fraya grâce à cet hebdomadaire une nouvelle voie dans la narration du crime, des délits et autres écarts assimilés. Contesté pour sa participation à cette parution regardée comme sulfureuse par une certaine bien-pensance, Joseph Kessel ne se retenait pas de contrer : « Le crime existe, c'est une réalité et, pour s'en défendre, l'information vaut mieux que le silence. » Au ras des faits quelle qu'en soit la portée, déployant une science consommée de l'accroche d'un double point de vue graphique et rédactionnel, *Détective* innovait.

Cependant, sa formule n'était pas tout à fait originale sous l'angle du spectaculaire, puisque inspirée d'une parution contemporaine, d'un égal à-propos : *VU*. Davantage sociétal, le magazine n'en faisait pas moins des incursions people, comme on le dirait aujourd'hui. Ainsi, le 8 mai 1935, photo effrayante à l'appui, *VU* titrait : « La vérité sur les crimes – Du bourgeois qui tue aux petits secrets de la santé. » Le 6 novembre de la même année, avec une photo suggestive en renfort, pour une sortie cinématographique, il annonçait : « Le seul film existant au monde sur le supplice de la chaise électrique. »

À destination d'un lectorat excité par la chose criminelle, d'autres parutions similaires, à quelques variantes près, fleurirent, dont *Police Magazine* en 1930. Centré sur des enquêtes qui se voulaient approfondies, et qui l'étaient, il balaya le spectre large de l'univers déviant du crime, des bas-fonds de la prostitution aux mystères de Monte-Carlo en 1931, en passant par les coulisses du bagne la même année ou encore par les escroqueries à la Loterie nationale en 1936. Avec une constance non démentie, les arnaques et les atteintes à la personne se fondaient dans l'air du temps.

D'avant-guerre, ces magazines d'un impact inaltéré auprès des amateurs de sensations fortes ouvraient la voie à d'autres tout aussi juteuses : *Qui ? Police, Qui ? Détective, Choc*, etc.

Encre et sang mêlés, l'Histoire se raconte.

Le milieu
Apaches, gagneuses et proxénètes

Synonyme de mafia, de pègre, de malfrats, de gangsters, le milieu concentrait les activités frauduleuses et criminelles de cette engeance marginale. Abréviation de « milieu très spécial », expression initiée par Francis Carco, elle fut vite admise dans le vocabulaire courant. Désuet, dorénavant, le milieu à proprement parler s'est effacé derrière le grand banditisme issu de la périphérie des grandes villes. Dans cette nébuleuse évoluaient alors toutes sortes de gens louches, plus ou moins organisés, spécialisés, concurrents ou associés. Parmi eux, les demi-sels, les escarpes, les Apaches.

Les Apaches, de sinistre réputation

Aspirant au rang de durs du banditisme éprouvé, maîtres du jeu, ces petits voyous très violents devraient leur appellation aux échos de Far West à deux journalistes de la Belle Époque désignant ainsi les petites frappes de Belleville, de la rue de Lappe, de la « zone », la bande de terrain vague qui entourait Paris sur l'emplacement des anciennes fortifications. Selon d'autres sources, elle renverrait aux ruses élaborées de ces terreurs de quartier. Quelles qu'en soient les origines, cette appellation prit son essor en 1902 avec l'affaire Casque d'or, une prostituée pour laquelle se déchirèrent deux proxénètes convulsifs, Manda et Leca, qui échouèrent au bagne. Au lendemain de l'un de leurs duels armés, Arthur Dupin s'indignait dans *Le Petit Journal* : « Ce sont là des mœurs d'Apaches, du Far West, indignes de notre civilisation. Pendant une demi-heure, en plein Paris, en plein après-midi, deux bandes rivales se sont battues pour une fille des fortifs, une blonde au haut chignon, coiffée à la chien ! » Le 19 mai 1907, *Le Petit Journal* titrait encore : « Mœurs d'Apache – Atroce vengeance d'un rôdeur. ». Tandis que la rumeur de la suppression de la peine de mort s'intensifiait, la délinquance juvénile progressait dans les quartiers défavorisés. Eu égard à ce phénomène englobant la prostitution, le vol et les trafics, on parla bientôt de la « folie apache ». Des pamphlets furent rédigés. Par exemple celui d'un certain docteur Lejeune, *Faut-il fouetter les Apaches ?*, dont voici un extrait : « Rien n'est moins beau qu'une personne subissant la flagellation. Dévêtu ou à peu près, l'Apache expose son anatomie de malingre et de dégénéré ; il se montre tel qu'il est, un être inférieur que seule notre excessive humanité tolère au sein des grandes villes [...] Le flagellé redevient instinctivement un esclave, un vaincu, et rien n'est mieux que d'imprimer cette sensation sur la peau et dans l'entendement des Apaches qui se croient tout permis. » Dans la même ligne rectificatrice, le 22 août 1907, un rédacteur du *Matin* exposait sa vision sans partage : « Elle [la guillotine] dort d'un sommeil profond léthargique, la Veuve [...] Elle attend le fiancé de choix promis à ses ardeurs [...] éveille-toi ! C'est le cri de tous les jurys populaires, le hululement de la chouette populaire exaspérée des crimes récents. » L'éducation des adolescents dans le monde ouvrier étant pointée du doigt, cette traînée de violence prit une tournure politique.

Dans le *Guide secret des plaisirs parisiens* (1906) et *Paris-noceur* (1910), L'Ange Gabriel, un cabaret crasseux de la rue Pirouette, dans les Halles, est indiqué comme le quartier général de ces bandes belliqueuses n'ayant plus rien à envier désormais à la pègre. Ils se repèrent au slogan de « Mort aux vaches ! À bas les flics ! » – la « renifle », dans leur argot. Arborant une casquette, un foulard rouge noué autour du cou, une veste courte passée sur un tricot de corps, des pantalons de chauffe resserrés aux chevilles, ils sont dans cet uniforme réputés comme étant des détrousseurs de bourgeois, en une époque clivée où les classes s'affichent par l'habit[1].

Majoritairement « mâle », l'appartenance s'étend aux filles. En 1908, *L'Œil de la police* titre ainsi : « Apaches en jupons ». Y est relatée l'agression d'un mécanicien de Lagny, Louis Hurel, prestement détroussé par cinq femmes boulevard de La Chapelle, sous le viaduc du métro, puis mis à nu, pantalon et bottines dérobés. Le cambriolage, la « choure », mais plus sûrement la prostitution, d'un franc rapport, constituent l'économie reine de ces bandes dont les individus de sexe masculin encaissent les dividendes. Livrées en appâts pour attirer le naïf ou bien supplétives pour une rossée, les femmes tiennent leur place telle la célèbre Casque d'or, de son vrai nom Amélie Hélie, guignée aussi bien par les bandes des Orteaux que par celles des Popincs – pour Popincourt.

1. Robert Giraud, *Le Royaume secret du milieu*, Denoël, 1965.

Avec le temps, sans nier les faits consignés dans les annales de la délinquance et du crime, il apparaît que ce phénomène fut nettement monté en épingle par la presse pour décrire ce qui n'était peut-être, finalement, que les signes déliquescents d'une jeunesse populaire vouée à l'exploitation qu'elle refusait. En 1913, à défaut d'analyse sur ce terrain, *La Revue judiciaire*, soucieuse de faire retomber la pression, pondérait ainsi le propos, en stigmatisant quelque peu la ligne de ses confrères : « Aujourd'hui, le moindre fait divers, pourvu qu'il y ait du sang et de l'horreur, est grossi démesurément, les colonnes des journaux en sont remplies, et c'est ce qui fait croire aux simples que décidément nous courons à l'abîme [...] Apache, souteneur, anarchiste [...] banquiers véreux, escrocs et faussaires, femmes qui tantôt par paresse ou besoin de luxe et d'orgie, tantôt par nécessité, glissent sur la pente du vice et du crime, tels sont les types variés qui défilent sous les yeux du lecteur bénévole qui croit que le monde touche à sa fin. »

Femmes à hommes, hommes à femmes : prostitution et proxénétisme

Depuis que ce commerce existe, l'un et l'autre ont partie liée – directement quand l'un se nourrit des dividendes du second, indirectement quand le proxénète se limite à agencer les conditions pour que la transaction se déroule contre services sexuels. S'il y eut des femmes proxénètes, tenancières de maisons closes, cette activité revient pour des raisons historiques aux hommes qui exercent leur domination dans une activité contrainte par le muscle, le chantage et la terreur. Toute barrière morale ou sociale abolie, longtemps cet agencement revêtit un aspect folklorique : d'un côté les macs, impitoyables, solides et oisifs – des hommes, des vrais –, de l'autre sa ou ses gagneuses, filles perdues au grand cœur. En réalité, cette image d'Épinal approximative et rebattue cache les traces d'une misère évidente.

Dans le n° 1 de *Police Magazine*, en page 6, un dossier est consacré à ce négoce parisien par excellence, classé dans la rubrique « Les fléaux sociaux », titrée « Les marchandes d'amour ». À cette époque, Paris compte encore vingt maisons closes, répartissant les filles entre les soumises, les « en cartes » (fichées en préfectures) et les insoumises (qui se targuent de n'avoir aucun rapport avec la préfecture de police). En cas de racolage illicite, les filles sont souvent conduites à la prison Saint-Lazare. Cette prostitution du trottoir s'oppose à celle des maisons de tolérance, dont de très luxueuses dévolues aux puissants et aux grands de ce monde. Connues de la police, les gérantes sont aussi très souvent des indicatrices. Chambres aménagées pour fantasmes spéciaux, tapissées de velours, à la mode Empire, exotiques, ou équipées pour de savantes tortures – ces lieux abondent de raffinements en tout genre. À Paris, avant la Seconde Guerre mondiale, on compte notamment de ce standing : Le Chabanais, Le One-Two-Two, Le Sphinx, L'Abbaye, Le Moulin galant, le 29, rue du Thermomètre, Madame Denis, etc. Des enseignes aussi réputées que celle de Madame Claude, de 1960 à 1976, prétendant former des jeunes filles de bonne éducation pour les dîners mondains.

Depuis le XIXe siècle, les vocables se multiplièrent pour désigner ces femmes aux mœurs légères, consentantes ou pas. Ici, pour un florilège où l'argot s'invite[1] : accrocheuse, bourbeteuse, drouine, ensoignante, gouge, lescheresse,

1. XXX.

rouscailleuse, toupie, viagère – nettement moins séduisant que courtisane, fille de joie ou belle de nuit. Pour plus de précision, il faudrait encore distinguer ici l'échassière, qui travaille juchée sur un tabouret dans un bar ; l'étagère, qui grimpe dans les étages d'un hôtel ; l'amazone, qui œuvre dans la nature pas très loin de la marcheuse, qui arpente le trottoir. En argot encore, son métier revient à faire la retape, son persil, le tapin, le tas. Sur un mode cryptopoétique, Albert Simonin rapporte dans *Touchez pas au grisbi !* quelques-unes de leurs spécialités très indéchiffrables *a priori* : le petit tramway de Shanghai, le mouchoir à carreaux, le blaireau du commissaire. Voilà donc, sous l'angle folklorique, comment on évoquait la prostitution, considérée comme une détente tarifée pour la gent masculine.

Avec leur code d'honneur tordu, les proxénètes, les gangsters du sexe, exigent le respect de leur personne, la virilité exhibée, gage de puissance et d'autorité. En 1884, Léo Taxil en donnait dans *La Prostitution contemporaine* une définition qui tient encore en partie de nos jours, résumant ainsi le rôle et la méthode du souteneur : « Il est celui qui protège la prostituée et donne la sécurité aux filles publiques, soit par suite d'une affection dégradée pour ces créatures mêmes, soit presque toujours pour obtenir d'elles une rétribution de ses services. »

Dans le monde du crime, le proxénétisme demeure de loin l'activité la plus répulsive, dépourvue de tout courage, vissée sur l'exploitation humaine, la violence à des fins d'esclavagisme, un délit abject dont le trafic, la traite et le rapt sont la clé et la serrure.

Détective
Le poids des photos, le choc des mots

Sur papier bistre, au format allongé, cet hebdomadaire transforma la préhension du crime en France. À l'origine, sous la forme d'une feuille, *Détective* appartenait à un détective professionnel, caché sous le pseudonyme d'Ashelbé. C'est à la suite d'une rencontre avec Joseph Kessel que ce même Ashelbé, alias Henri La Barthe, parvint jusqu'à Gaston Gallimard, acquéreur de son titre. Si Georges Kessel, le frère de Joseph, en fut le premier rédacteur en chef, Marius Larique, un transfuge du *Quotidien*, en fut l'esprit actif, publicitaire. Ainsi, à son initiative, cette annonce affriolante dans le numéro spécial du 16 décembre 1937 : « Tous les rédacteurs et les photographes de *Détective* ont travaillé nuit et jour pour vous présenter ce numéro spécial sur la plus étonnante affaire de siècle. » Elle précédait un article consacré à Eugène Weidmann, « Le vampire de

La Celle Saint-Cloud », tueur multirécidiviste, exécuté à Versailles le 17 juin 1939.
D'emblée, de prestigieux rédacteurs, écrivains ou journalistes confirmés s'agrégèrent au projet. À la une du n° 62, le 2 janvier 1930, ils apparaissent en médaillons : Marcel Prévost de l'Académie française, Joseph Kessel, Henri Duvernois, Albert Londres, Pierre Mac Orlan, Georges Suarez, Francis Carco, mais aussi Paul Bringuier, Henri Danjou, Victor Forbin, Louis Roubaud. À cette gentry des lettres s'adjoignait un volant d'écrivains pigistes, non des moindres : Emmanuel Bove, Alain Laubreaux ou encore Paul-Clément Jagot, occultiste, précurseur de la pensée positive en France, qui lut dans les mains du monstre, Eugène Weidmann. À leurs côtés évoluaient de brillants photoreporters, tous as du Rolleiflex : Gabriel Séruzier, Marcel Carrière, Walter Gillet, Henri Manuel.
La qualité du document photographique se doit d'être flagrante, essentielle à l'attrait du lecteur. Dans l'éditorial du numéro 1, le 1er novembre 1928, le rédacteur en chef découvrait son intention : « *Détective* pousse ses antennes aux quatre points cardinaux, et son haut-parleur vous en détaillera toutes les histoires. Ses objectifs perfectionnés vous apporteront les plus belles photographies tirées en héliogravure. Et ce seront des grandes enquêtes partout pour tous… » Pari tenu.
Richement illustré, avec des menées dramatiques haletantes, *Détective*, puissamment scénarisé, invitait son lecteur à se composer son propre film, la clef pour le fidéliser : « *Détective* sera romancier : il vous fera

participer à des épopées merveilleuses. Vous aurez votre film hebdomadaire à domicile et vous vous apercevrez que les inventions des conteurs ont aiguillé la police vers des procédés nouveaux. C'est ainsi que la fiction ramène à la réalité. »

Même fustigée à son envol, la parution gagna son lectorat populaire. En effet, quand Louis Aragon voyait en elle « l'exaltation du flic », la *Revue des Lectures* renchérissait en 1930 : « Ce journal infect, et souverainement malfaisant pour les lecteurs sans défense, est fort répandu. Il est avidement lu par la jeunesse. Il cause dans certains milieux d'incalculables ravages. » Cependant, *Détective* paraissait, les crimes continuaient…

Aux mains de divers propriétaires jusqu'à nos jours, avec des aménagements d'intitulés, des changements de ligne éditoriale, plus ou moins sensationnaliste – *Détective* (1928-1940), *Qui ? Détective* (1946-1958), Détective (1958-1979), *Qui ? Police* (1979-1982), *Le Nouveau Détective* depuis 1982 –, cette revue demeure la publication phare du genre au service du fait divers en France.

Le bagne
La perpétuité en chapeau de paille

Établissements pénitentiaires de travaux forcés, les bagnes résonnent de sinistre mémoire sur l'échiquier des peines infligées aux coupables d'un crime. Érigés à la moitié du xixe siècle, dans l'Hexagone comme en Algérie, en Nouvelle-Calédonie, où furent expédiés les Communards, notamment, et en Guyane, à Cayenne, les bagnes furent de véritables institutions expiatoires où, en de nombreux cas, le châtiment excédait de loin la cruauté du crime et du criminel. Abolis en 1938, ils furent supprimés en 1945 ; les derniers prisonniers en revinrent en 1953.

Parmi ceux-ci, quelques-uns sont restés célèbres : Vidocq, bagnard puis policier ; le capitaine Dreyfus, exilé à l'île du Diable, condamné inique pour une fausse trahison ; Guillaume Seznec, dont la culpabilité demeure improuvée ; Henri Charrière dit Papillon, auteur du best-seller que l'on sait en 1969. Sur la façade atlantique, du continent vers la Guyane, les damnés s'embarquaient aussi bien de Saint-Martin-de-Ré, de Saint-Nazaire que de La Rochelle. Brimades multiples, sadisme endémique, travaux absurdes et humiliants, tel était le menu des relégués. Les tentatives d'évasion quasi réduites à néant, quand l'interné ne mourait pas des mauvais traitements infligés par les gardes-chiourme, souvent, il dépérissait, rongé par une maladie tropicale, laissé pour compte dans une complète indifférence. Comble du comble pour les récalcitrants, la prison en plein air, ou presque, en comprenait une autre.

Le reporter Albert Londres, qui s'était rendu sur place en 1923, aux îles du Salut, entre autres, témoignait dans son ouvrage *Au bagne* : « Ce n'est pas le salut, là-bas, mais le châtiment. La loi nous permet de couper la tête des assassins, non de nous la payer [...] Le bagne n'est pas une machine à châtiment bien définie, réglée, invariable. C'est une usine à malheur qui travaille sans plan ni matrice. On y chercherait vainement le gabarit qui sert à façonner le forçat. Elle les broie, c'est tout, et les morceaux vont où ils peuvent. »
En métropole, où l'on pratiquait alors l'oubli par prophylaxie personnelle et collective, ces traitements n'avaient que peu d'écho dans l'opinion. Et comme l'époque était à réprimer par tous les moyens n'importe quelle forme de délinquance, il fut créé des bagnes d'enfants, aussi abjects et répugnants dans la prétendue prévention des « prédateurs » – dans l'esprit originel, ils dataient de l'après-Révolution française, et étaient entrés en vigueur en 1810. Parmi ceux-ci existaient les colonies pénitentiaires des Douaires, située près de Gaillon dans l'Eure, d'Aniane, dans l'Hérault, ou bien celle de Belle-Île-en-Mer, dans le Morbihan, où éclata une révolte en 1934. Bien que plus rares, et moins éloignés que ceux de leurs aînés, ces bagnes n'en étaient pas moins des incubateurs de vice et de violence. Avec perpète pour horizon, au total, 52 000 forçats et 15 000 relégués empruntèrent la mer pour rejoindre cet enfer dressé au milieu du paradis, sur des rivages tropicaux. À Cayenne, surnommée la « guillotine sèche », il était à peu près garanti de mourir à petit feu, au soleil...

Les villes meurtrières

New York – Chicago – Paris – Marseille

Du tournant de la Belle Époque aux années quatre-vingt, des deux côtés de l'Atlantique, quatre villes symbolisèrent à des degrés divers le crime organisé. Chicago, sa capitale, New York, sa doyenne, puis Marseille ou Paris qui, en comparaison, figuraient comme de pâles imitatrices – ce qui ne les empêcha pas de se distinguer aussi dans la course aux profits illicites, aux trafics ciblés, à la débauche lucrative... Mafia, quand tu nous tiens !

New York

D'un point de vue historique, Giuseppe Morello (1867-1930), dit le Vieux Renard, peut être regardé comme le créateur, en tout cas le premier boss moderne de la mafia sicilienne à New York. Son frère Antonio, lui succédant, s'associa avec un compatriote, leur beau-frère Ignazio Lupo, dit The Wolf, Lupo le Loup, le dirigeant de la Main noire, dans Little Italy. Cette « famille » composite sema la terreur, réputée qu'elle était pour son goût de la torture, de la crémation et de la mutilation de corps rendus anonymes. Charles Becker, un flic corrompu informé de leurs méthodes, tenta dans ces parages de prendre la tête de l'organisation dans la Grosse Pomme. Rattrapé par ses anciens collègues, il termina sur la chaise électrique. Dans cette généalogie condensée s'inscrivent les noms de Monk Eastman, le patron de la Yiddish Connection, financier de la pègre, abattu en 1920 ; de Bugsy Siegel, de la même filière, actif dans le développement de Las Vegas. D'autres encore, au patronyme à consonance italienne pour preuve de leur origine, complètent ce palmarès : Pellegrino Morano, le chef de la Camorra de Brooklyn ; Giuseppe Masseria, un lieutenant de Morello.

Leurs activités hiérarchisées s'étendent du vol de particuliers à la gestion de tripots, du cambriolage usuel à l'attaque de banques, du racket de quartier à la prostitution à l'échelle d'une cité, et encore à une foultitude de négoces occultes connexes, le propre de ces organisations étant de se démultiplier en lavant l'argent sale. Nous étions alors vers 1930, période où la Prohibition décrétée aux États-Unis le 19 janvier 1919 s'était avérée prospère pour la mafia, aux expansions tentaculaires sur le territoire américain. (En ce temps-là, plus ou moins à leur compte, s'exprimaient déjà John Dillinger, Baby Face Nelson, etc.)

À ce stade, un gang, le Five Points, fixé dans le Lower East Side de New York, établit la passerelle entre ceux de la Grosse Pomme et ceux de Chicago. Dans ses rangs on recensait, entre autres, Al Capone et Lucky Luciano. En 1929, ce dernier et Meyer Lansky ancrèrent à New York le Syndicat du crime, sobrement nommé l'Organisation. Patrons des affranchis, ils mirent la ville en coupe réglée, y dictant la loi du silence, l'omerta. Parmi ces familles, les plus influentes étaient celles des Bonanno, Colombo, Gambino et, un cran au-dessus encore, celles des Lucchese ou des Genovese. Liées par la même cause, la leur, Cosa nostra, elles étendirent leur empire en durcissant leur mainmise sur le monde du travail, les syndicats noyautés, profitant de hautes protections politiques locales et plus. Au temps des speakeasies, des bars clandestins, elles régissaient autant la consommation d'alcool que l'industrie du spectacle. Aucun obstacle ne leur résistait, qu'il fût réglé par la corruption ou le calibre.

Chicago ! Chicago !
Al Capone & Co.

Chicago Outfit, Chicago Mob, South Side Gang : les dénominations regorgent pour baptiser la pègre, le Syndicat du crime, dans la capitale de l'Illinois. Pour son n° 1, fin 1928, *Détective* titre en couverture : « Chicago, capitale du crime ». À l'intérieur, l'accroche de l'enquête détaille : « 215 attentats en deux ans, la police reste impuissante devant les associations de bandits qui terrorisent chaque jour la ville. » Plus loin, dans le corps de l'article, quelques lignes relatent un assassinat ordinaire entre mafieux où apparaît un patronyme historique : « Antonio Lombardo, un des chefs attitrés des bas-fonds de Chicago, frère d'armes du roi des Apaches de cette ville, Alphonse Capone (Al le Balafré), a été tué dans cette ville. » En fin d'article, son auteur, Alan Ross Macdougall, expose le standing et les enjeux fixés autour du *tycoon* du vice et du meurtre programmé : « L'auto de ce monsieur Capone est également blindée. Et dans ses deux maisons de Cicero et de Chicago, sa chambre et la salle à manger familiale sont tapissées avec un acier de cuirassé de la meilleure espèce. Mais ses adversaires ont juré d'avoir sa peau ; ils ont juré de le supprimer avant que ses cohortes aient fini de les supprimer eux-mêmes. » Le tableau éloquent récapitulait à la perfection le climat ambiant. Indéniable première star de la presse écrite, avant de le devenir sur grand écran, Al Capone fit couler autant d'encre que de sang.

Dans *L'Ère nouvelle*, le 26 mai 1930, son arrestation était ainsi commentée : « Comme sa balafre, qui l'a rendu populaire dans les milieux interlopes de New York, l'empêche aujourd'hui d'avoir accès à la bonne société, Al Capone s'est adressé à un "beauter", un chirurgien esthétique, qui va tenter de le débarrasser de la compromettante cicatrice et de lui faire un visage aussi lisse que celui d'une girl d'Hollywood. » Le 4 juillet, *Le Petit Parisien* s'inquiétait de la situation de l'autre côté de l'Atlantique : « Où vont les États-Unis ? – L'outrecuidance et l'infirmité des lois – Bandits, mitrailleurs et politiciens. La résistance à la loi est doublée d'une terrible offensive contre l'ordre public. » Et qui donc résistait à la loi, sinon Al Capone et ceux de son lignage, suiveurs et gêneurs confondus ? *Le Journal* du 21 septembre se fendait en une d'une accroche alléchante : « Deux mois avec les bandits de Chicago – Interview de Scarface, Al Capone, l'homme aux cinquante meurtres ». Ses méfaits en série listés, dont le massacre de la Saint-Valentin, le 1er février 1929, le *Journal des débats* se livrait à un rappel de sa carrière d'exterminateur : « Après Frankie Yale, qui fut criblé de balles en plein midi, Scarface-Al supprime brusquement le magnat bootlegger Dean O'Banion, dont on cite encore les grandioses funérailles [...] Scarface-Al lui-même, avec sa courtoisie en usage dans le monde spécial, avait envoyé une magnifique couronne avec ses condoléances à la veuve. Puis il "eut" successivement Hyman, Weiss et son attorney, les frères Genna, qui l'avaient manqué de peu avant qu'ils fussent eux-mêmes "envoyés dans l'Ouest", et après qu'il eût perdu, fusillé par représailles, son excellent lieutenant Lombardo. » En 1932, *L'Ère nouvelle* publiait dans ses bonnes pages des extraits des Mémoires de l'un de ses ex-affidés, un repenti sorti de prison, qui le décrivait ainsi : « Il a vraiment conquis le monde parce qu'il avait la volonté ferme et ardente des Italiens, parce qu'il était rusé, parce qu'il les mettait tous dans sa poche et qu'il savait utiliser au mieux les événements, quoique, manifestement, pas encore assez. Cela ne servit de rien ? Un conquérant du monde, quand il a une taille de 1,60 m, doit forcément être abaissé un jour par un homme qui a deux fois moins de jugeote, mais qui le dépasse de deux têtes. »

Incarcéré en 1931 pour cause de non-paiement de ses impôts, l'« homme d'affaires », élargi en 1939 pour des motifs de santé, mourut d'une pneumonie, dans son lit, le 25 janvier 1947. Quelques semaines auparavant, il avait reçu l'extrême-onction.

De tous ceux, ses égaux, qui collaborèrent à la légende pourrie de Chicago, tous n'eurent pas la volupté de mourir à leur domicile, nantis de patronymes aussi allusifs : Dean O'Banion, patron de la mafia irlandaise, fut atteint de deux balles dans la gorge ; Bugs Moran, alias le Branque, expira sur une paillasse dans sa geôle de Leavenworth ; Hymie Weiss fut fauché par quatorze balles à l'âge de vingt-huit ans. De ses complices ou lieutenants les plus cités, nous retiendrons Johnny Torrio, qui lança sa carrière ; Jack McGurn, dit « la Mitrailleuse » ou « la Sulfateuse » ; Frank Nitti, « l'Exécuteur » ; Paul Ricca, « le Serveur », un racketteur d'Hollywood ; Tony Accardo, qui accomplit son apprentissage sous son autorité.

Jusqu'en 1980, certains d'entre eux, et de jeunes pousses vite confirmées, le remplacèrent, jouissant d'appuis certains dans le système, parfois complices de la CIA : Sam Giancana, qui avait aidé au débarquement des Alliés en Sicile pendant la Seconde Guerre mondiale, Lucky Luciano…

Quelques sous-fifres montés en puissance se frayèrent une place : Joey Aiuppa, un ex-porte-flingue du parrain des parrains ; Felix « Milwaukee Phil » Alderisio, tueur à gages attitré, soupçonné d'au moins quatorze exécutions rapprochées ; Fiore « Fifi » Buccieri, racketteur, « agent de crédit », etc. En avril 1961, la mafia trempa dans le débarquement de Cuba contre Castro et, bien que cela ne fût jamais démontré, manipulée par la CIA, à l'assassinat de John Fitzgerald Kennedy, le 22 novembre 1963 à Dallas. Le tort majeur de Kennedy aurait-t-il été de tenter de contrevenir à ses agissements au plus haut de l'État ?

De France : Marseille et Paris

Un fait majeur allie dans un derby meurtrier les deux villes depuis les années vingt : la prégnance du milieu corse. Le premier de ses parrains notoires qui monta à la capitale fut Étienne Poggiale, surnommé « l'Empereur ». Il avait gagné ses galons sur la Côte d'Azur. Politiquement proche du Parti radical, agent électoral de Joseph Caillaux, il avait mesuré l'avantage d'une telle proximité. À son propos, le 30 octobre 1910, après une descente de police effectuée dans un cercle de jeux de la rue Fontaine, le quartier général de la pègre à Pigalle – à l'époque, on parlait globalement de Montmartre –, *Le Figaro* écrivait : « Le commissaire entra et, malgré les protestations des gens présents, saisit le mobilier et envoya au dépôt Pascal Philippi et Étienne Poggiale, dit Napoléon, tous deux pourvus de nombreuses condamnations pour des faits analogues. »

À sa suite, au même endroit et au même poste, s'installa Joseph Marini, un ancien des Bat'd'Af, souteneur, gérant des affaires de drogue, vers 1925. Dès cette date, les Corses dominèrent le grand banditisme en France, depuis Paris, dont la réputation vint à se ternir en raison de quantité de règlements de comptes toujours à peu près situés dans le pourtour précité. En 1932, à portée de pierres du cinéma le Pathé-Clichy, où l'on projetait alors *Scarface*, le film de Howard Hawks, avec Paul Muni dans le rôle d'Antonio « Tony » Camonte, se produisit une des séances du genre les plus spectaculaires, près du dancing Le Zelli's, un bouge « mondain » et mal famé où l'on dansait le tango, accolé à un restaurant où descendaient Louise Brooks ou Maurice Chevalier, la pègre et le Tout-Paris, et où se produisait Damia. Le lieu était la propriété de Joe Zelli, un émigré italien qui, ayant fui la Prohibition à New York, était venu faire sa pelote à Paris. En l'occurrence, il n'était pour rien dans cette fusillade généralisée de janvier 1932, sinon qu'elle se déroula devant son établissement au 16, rue Fontaine. Opposant Corses et « Parisiens » dans un différend concernant le placement de filles sur le trottoir, cette fusillade n'atteignit qu'une clocharde fauchée par une balle perdue. À l'« heure corse », Montmartre foisonnait de ces rixes armées à répétition, nées de trafics enviés, toutes émanant de bandes organisées, de larrons en mal de nuire. Dans *Nuit de Paris*, Paul Bringuier, l'envoyé de *Détective*, fait état parmi cent de deux faits divers survenus en juin 1930 : « Un individu a attaqué une débitante, rue Blanche, pour la dévaliser. Il a été arrêté [...] Trente-sept filles soumises ont été arrêtées rue du Faubourg-Montmartre, elles ont été conduites à la prison Saint-Lazare. » En toute clarté, la prostitution, la drogue, la suprématie pour la possession de lieux canailles à forts dividendes constituent les prétextes d'une lutte acharnée entre gangs, sans concessions ni pardons.

Le 20 juin 1930, un article du *Matin* soulignait : « La loi du milieu, en effet, ne tient pas compte de la chose jugée. » Trafiquants d'opium, de femmes – la traite des Blanches – se disputent le pavé et les enseignes dorées. En 1937, *Police Magazine* osait une comparaison vérifiée entre le milieu français, parisien, et les gangs d'outre-Atlantique : « Qu'ils soient de Chicago ou de Paris, les mauvais garçons qui demandent à certaines combinaisons les ressources nécessaires pour leur assurer une oisiveté dorée n'ont que trois moyens : l'exploitation de la débauche, les commerces clandestins, le racket des commerçants établis. » Dans cet article, le journaliste, Emmanuel Car, restitue un florilège des familles insulaires établies à Paris vers 1925 : « Nos petits Corses, les Stefani, les Marini, les Mariani, les Foata, entre autres, grossis au passage de quelques Marseillais, plantèrent carrément le pavillon noir de la piraterie sur le versant de Montmartre entre Pigalle et la place Clichy. » La rue Fontaine, surnommée la rue du Gang, délimitait alors leurs territoires. Dans l'histoire du crime à Pigalle, l'affrontement Boissier-Pietri secoua la rue : le second avait eu la mauvaise idée de ravir à Toulon Germaine

Pencel, le « gagne-pain » d'Albert Boissier, dit Bébert, sorti de trois ans d'incarcération à Poissy.
Bébert ayant récupéré son « bien », le Toulonnais humilié s'en revint illico rue Fontaine, où il sulfata Bébert à la terrasse d'un café. En 1934, dans la même rue encore, un autre règlement de comptes eu lieu qui coûta la vie à deux trafiquants de drogue parisiens, P'tit Louis et Guiche, qui avaient subtilisé un lot de poudre à des Corses. Cette année fut marquée par cette vendetta ininterrompue fatale à Étienne Stefani, un trafiquant exécuté au bar Charles, puis à son frère Jean-Paul, lui-même abattu par Foata, son compatriote. Du même creuset ou non, on ne badinait pas avec les dividendes.
Placée sous la domination de Carbone et Spirito, Marseille supplantait Paris. Sans police efficace, les truands y évoluaient à leur guise (voir Les truands, page 123). Trafic d'armes, de drogue, de femmes… la pègre phocéenne, largement nourrie par l'afflux de mafieux corses, fut alors, en plus d'une destination, une plaque tournante ouverte sur l'Amérique et le Moyen-Orient – et, selon sa disposition géographique, un point de réception, spécialement pour l'opium expédié de Chine. Tous ces commerces et traites prohibés contribuèrent au discrédit tenace de la ville. Jusqu'en 1970, les Corses perdurèrent à Paris, notamment *via* les cercles de jeux, ayant petit à petit passé la main à la mafia des pieds-poirs qui s'était invitée dans le partage depuis 1962. En dépit de ces négoces douteux et pérennes, considéré comme une ville chaude, au moins entre 1920 et 1940, Paris

n'atteignit jamais la cote de Chicago, de New York ou de Marseille sur la carte du crime organisé. Interrogé sur cette démesure, l'historien Dominique Kalifa donne son avis éclairant : « Cet imaginaire apparaît très tôt, avec les débuts de la diffusion de la culture populaire : les petits fascicules sur les "affaires" sanglantes circulent dès la fin du XVIIIe siècle. N'oubliez pas que ce qu'on appelait le boulevard du Crime était une rue bordée de théâtres, où on jouait des pièces centrées sur un argument criminel – Paris est la capitale des imaginaires du crime. » Et, *in fine*, c'est aussi bien ainsi.

1950-1970 – Marseille – New York – Paris – Marseille

La French Connection

Constituée en pieuvre, *via* des filières variées, depuis Marseille jusqu'aux États-Unis, la French Connection – la Corsica Connection à l'origine – se développa après la Seconde Guerre mondiale. Dès les années trente, de moindre envergure, elle s'était imposée dans la cité phocéenne, idéalement située par son port.

Maillon essentiel de la chaîne, Lucky Luciano, qui opéra à New York, de mèche avec Antoine Guérini et Étienne Leandri, les Marseillais, contribua largement à structurer l'organisation de ce trafic ininterrompu pendant plus de vingt ans entre la France et les États-Unis. À Marseille, où elle frayait de près avec la sphère politique, la mafia locale fut sollicitée en 1947 par l'Américain Irving Brown pour briser la grève des dockers, puis à nouveau en 1950, pour la même raison. Le port aux mains de la mafia, les conditions étaient optimales pour acheminer la morphine-base vers les États-Unis, avec l'association des parrains marseillais – Nick Venturi, Marcel Francisci, les Guérini – à Lucky Luciano. Pour la transformation de la substance, ils étaient équipés d'un chimiste d'exception, Joseph Cesari, dit Monsieur Jo.

Pendant vingt ans, la French Connection expédiera des tonnes de cocaïne outre-Atlantique – vingt tonnes annuelles –, générant à certains pics plus de 1,5 milliard d'euros d'aujourd'hui. Les Guérini couverts à l'échelle de Marseille, Marcel Francisci en accointance avec le SAC, le commerce comble toutes les parties, dont Cosa nostra et la mafia corse. À l'apogée du trafic, pendant les sixties, les États-Unis, FBI et CIA sont sur le pied de guerre, au coude à coude. Bientôt des têtes (subsidiaires) tombent : celles de Jacques Angelvin, un présentateur de la télévision française arrêté en possession de 10 kilos de blanche en 1962, d'Antoine Rinieri, un convoyeur de troisième zone, mais aussi celle (majeure) de Joseph Cesari.

À partir de 1970, l'étau se resserre. Confrontées à un problème identique d'expansion de la drogue dans leur pays respectif, les autorités françaises et américaines se mobilisent. En 1972, l'un des piliers du réseau, Jean-Baptiste Croce, est alpagué, condamné à dix-huit ans de prison. De nouveaux noms apparaissent : ceux de Francis le Belge, de Jean-Claude Kella, de Laurent Fiocconi, etc. Le réseau, malmené à partir de 1972, connaît en 1973 des coups d'arrêt à répétition, en dépit de l'imagination sans frein des convoyeurs. Les activités s'essoufflant, jusqu'à sembler disparaître, les autorités considérèrent au milieu des années soixante-dix que la French Connection avait été démantelée. Il faut donc admettre qu'elle le fut, au moins sous cette forme initiale. À moins que ses centres névralgiques ne se soient déplacés ? Pour un commerce au ralenti.

Le lieu du crime
La trace du forfait

Théâtre de crime pour scène de crime, l'endroit compte autant dans la mémoire que les faits. Choc consécutif à la vision d'un document, description télévisée, support imagé quel qu'il soit : dorénavant, le lieu du crime s'imprime en nous à notre insu. Certains sont devenus mythiques. Par une superposition intérieure où le méfait, même en partie oublié, se confond avec un paysage, un chemin, un lieu-dit, une maison, une rue, une adresse en ville, le lieu du crime véhicule sa part d'effroi, de réminiscences frissonnantes, au rendez-vous d'une légende noire. C'est par ailleurs celui des reconstitutions diligentées par l'instruction, et qui parfois permettent de confondre le coupable, de le faire « craquer », de mettre en évidence ses incohérences et ses mensonges. Une promesse de révélations pour l'amateur d'enquêtes complexes et de prévenus retors, et de frissons pour le visiteur qui murmure, impressionné : « C'est donc là que tout s'est passé… »

Au début des gangs motorisés
La bande à Bonnot et le gang des Tractions Avant

Grâce à l'apport du moteur à explosion, le braquage prit une dimension moderniste démodant son équivalent à quatre pattes à l'ère du cheval-vapeur. Deux marques comme deux gangs auront inauguré ce défi : De Dion-Bouton via la bande à Bonnot, Citroën via le gang des Tractions Avant. À trente-cinq ans de distance, la vitesse ajoutait à la stupeur. En route…

La bande à Bonnot

Il n'y eut pas en son temps affaire plus épiée, plus commentée dans la presse que celle de la bande à Bonnot, qui tint l'opinion en haleine au début du XXe siècle. Une saga qui dura deux ans, de 1911 à 1913, jusqu'à l'exécution des trois derniers de ses membres, Étienne Monier, André Soudy et Raymond Callemin, dit Raymond la Science en raison de son goût intense pour la lecture.

De lecture, donc, il fut question à propos de cette épopée sanglante repeinte aux couleurs de l'anarchie – noire. Noir sur blanc, on pouvait lire dans l'*Excelsior*, le 26 mars 1912 : « Eux toujours ! Eux partout ! La bande tragique a commis hier de nombreux crimes en banlieue parisienne. »

À Montgeron, ils tuent un chauffeur, blessent un voyageur et s'enfuient avec la voiture ; à Chantilly, ils pénètrent à la Société Générale, tuent deux employés, volent 50 000 francs et disparaissent ; à Asnières, ils abandonnent l'auto volée et échappent aux agents en sautant dans un train en marche – « Plus que jamais, qu'on nous protège ! » Le 29 avril 1912, *La Patrie* proclamait en une : « Capture et mort de Bonnot. Un anarchiste tué, un autre prisonnier – Admirable courage d'un officier de la garde républicaine – Le repaire assiégé – Terribles fusillades – La force armée et les habitants aux prises à Choisy-le-Roi, avec Bonnot et la bande tragique – Deux cents coups de feu échangés. » Dans son supplément illustré, *Le Petit Journal*, dessin *in situ* à l'appui, déclinait sobrement : « La fin du bandit » – C'était Bonnot, le chef de la bande.

Dans *Le Matin* du 2 mai 1912, l'écrivain Colette Willy, qui avait assisté à l'événement, se fendait d'un article intitulé « Dans la foule ». Où elle décrivait son expérience au milieu des curieux accourus : « Je piétine sur place en proie à une agitation badaude […] Un gros gars tranquille dans mon dos me renseigne : “De crainte qu'ils réchappent encore, on va les faire sauter à la dynamite” […] Désagrégée de sa masse, je demeure un long instant devant le bouquet de flammes nourries de bois sec, magnifiques et joyeuses, variées par le vent vif. C'est là qu'ils gîtaient… »

En trois étapes, ainsi pourrait se résumer cette affaire déflagrante au moins à deux entrées : l'une, politique, par sa résonance anarchiste ; l'autre, exclusive, par ce qu'elle impliquait l'automobile dans son mode opératoire.

Dès la moitié du XIXe siècle, les attentats anarchistes avaient secoué les régimes successifs. Le parti ayant vu le jour en 1881, le drapeau noir était apparu pour la première fois lors d'une manifestation à Paris en 1883. En 1882, aux Batignolles, un groupe anarchiste enseignait la confection de bombes à main, organisant des tombolas avec des armes pour lots principaux. L'idée de renverser l'État par la violence, de nuire aux symboles du capitalisme, les banques, se frayait un chemin. En 1886, la chanson *La Purge* retentissait dans les cercles avisés : « J'ai du picrate de potasse / Du soufre et du chlore en tonneaux / Pour assainir partout où passent / Les empoisonneurs de cerveaux. »
Familier des Apaches, Jules Bonnot, en 1876, avait sauté dans le wagon de l'anarchisme. En 1904, il était fiché par la police comme « très violent et méchant ». Ayant entamé sa carrière délinquante dans le cambriolage entre 1906 et 1907, mécanicien de métier, il investit ses gains dans deux ateliers de mécanique à son nom. Parti à Londres, il côtoie les cercles libertaires. De retour en France, à Lyon, en 1910, il se dote d'une voiture de pointe pour commettre ses premiers méfaits : la De Dion-Bouton, du nom de ses fondateurs, Jules Albert de Dion et Georges Bouton, constituait alors ce qui se faisait de mieux sur le marché. Mais c'est en 1911, à Romainville, au siège de *L'Anarchie*, qu'il se forge son bagage idéologique au contact de Victor Serge. Il y fait également la connaissance de ses futurs équipiers : Raymond Callemin, dit Raymond la Science, du groupe

des fondateurs du titre, caissier-typographe ; Jean Adelin de Boë, dit Quercus, typographe ; Octave Garnier, dit le Terrassier ; André Soudy, délinquant depuis l'adolescence ; René Valet, un serrurier ; Eugène Dieudonné, devenu menuisier-ébéniste au bagne de Cayenne, sa peine capitale commuée en travaux forcés à perpétuité. Tous s'étaient agrégés autour de Victor Serge, la tête pensante mais étranger au gang, vivant plus ou moins en communauté et constituant la bande à Bonnot. Tandis qu'ils opéraient en voiture, les policiers étant à cheval, ils avaient du champ. Armés de brownings, dans une Delaunay-Belleville, ils venaient de breveter le crime automobile. Écumant le pays trois mois durant, avec dix crimes au compteur et à peu près autant de braquages, ces « bêtes féroces », comme les nommait la presse, paieraient bientôt de leurs vies, à l'exception de Dieudonné, leur terreur motorisée.

Le gang des Tractions Avant

En dehors de la célèbre Traction Avant, noire, on attribue à Pierre Loutrel, chef du gang assimilé, d'avoir aussi opéré à bord d'une Talbot Lago T23, rouge. Même pour se diversifier, à l'époque, de toutes les routières, c'est la noire qu'il préfère.

Le 17 février 1948, dans un article technique, *Police-Hebdo* détaillait l'omniprésence du fleuron de chez Citroën, la Traction Avant, dans chacune des attaques du gang du même nom : « [...] C'était encore une traction avant noire qui, le 13 novembre, avait permis d'enlever place des Ternes une sacoche appartenant à une compagnie de taxis et contenant un million cent mille francs [...] On trouve une Traction noire, encore, dans l'attaque de la mairie de Clichy, le 21 décembre [...] À ce moment-là arrive une troisième Traction Avant d'où descendent trois hommes armés. » Prisée pendant la Seconde Guerre par la Résistance comme par la Gestapo, ce bolide sur asphalte convenait à l'évidence aussi pour le braquage, le gang organisé. Et quand Roger Borniche en dénombrait cinq membres – Pierre Loutrel, Jo Attia, Raymond Naudy, Georges Boucheseiche et Abel Danos –, Alphonse Boudard en comptait deux de plus – Marcel Ruart (ou Ruard) et Henri Fefeu. Trois anciens de la Carlingue, la Gestapo française (Loutrel, Boucheseiche et Danos), un ancien de l'armée des Alpes (Ruart), un ex-FFI (Naudy) et un rescapé de Mauthausen (Jo Attia). En dépit de la relative caution patriotique des trois derniers cités, le gang exhalait un parfum maudit. Pierre Loutrel, dit Pierrot le Fou – l'original, à ne pas confondre avec Pierre Carot, dit Pierrot le Fou n° 2 –, savait diriger un groupe. Passant de la Carlingue à la Résistance, il avait prouvé dans les deux instances son sens du commandement, suivi par quatre ou six complices. Deux d'entre eux feront carrière : Jo Attia, parrain de Marseille jusqu'en 1970, et Georges Boucheseiche, personnage plus que sulfureux qui trempera par la suite dans l'affaire Ben Barka, en 1965.

De l'attaque d'un fourgon du Crédit Lyonnais, le 7 février 1946, avenue Parmentier à Paris, jusqu'au braquage d'un bijouterie rue Boissière, dans le XVIe arrondissement, en passant par la Côte d'Azur, le gang aura couvert des kilomètres, commettant à certaines périodes fastes cinq braquages par mois. Coup d'éclat, le 25 septembre à Champigny : cernés par trois cent cinquante policiers dans une auberge, Les Marronniers, ils parviennent à passer entre les mailles du filet.

Attia et Boucheseiche, arrêtés en 1947, feront respectivement un et trois ans de prison ; Naudy sera tué par la police en 1948 ; Danos, condamné à mort pour fait de collaboration, sera exécuté le 13 mars 1952 ; Fefeu mourra en prison en 1953. Quant à Loutrel, blessé d'une balle en 1946, il expirera chez un complice à Porcheville. Enterré à la va-vite sur une île de la Seine, près de Limay, son corps sera identifié trois ans plus tard.
Le gang des Tractions Avant était au point mort.

Les marges

La cocaïne – La traite des Blanches – L'homosexualité

Fruit de l'évolution des mœurs, du déplacement de la morale sur l'échelle des délits, la notion de marginalité, de marge, à l'intérieur même de celle de crime, a bougé. Pour autant, les trafics cachés demeurent.

La cocaïne

« En Amérique, le marchand de "coco" est si vil, son commerce est si méprisable qu'il est traité en paria même dans les bas-fonds de la société [...] Pourtant, les trafiquants de coco n'ont pas l'apparence de vulgaires malfaiteurs. Beaucoup d'entre eux pourraient faire partie des cercles les plus fermés sans que leur façon d'être attirât l'attention. » Ainsi était brossé le portrait du délinquant pourvoyeur de drogues dans *Détective*, le 21 mars 1929. À forte connotation antisociale, la blanche, la coco, la neige, traînait une réputation maléfique – celle, venimeuse, d'un produit chimique aux effets incontrôlés prisé de quelques marginaux mondains en quête de sensations exclusives ou de dévoyés tournés vers des expérimentations inédites en complément de leurs activités criminelles. Objet d'un commerce international dissimulé, difficile à endiguer, elle engendrait des bénéfices s'accumulant dans les poches de la pègre – « Il faut connaître les trucs et les audaces des trafiquants pour se rendre compte des difficultés qu'ont les polices de tous les pays à enrayer ce moderne fléau » (*Détective* n° 21, 1929).

Déjà, pour l'acheminer, la livrer, les dealers – un mot moderne – démontraient une rare ingéniosité : glissée à l'intérieur d'un chapeau laissé au vestiaire, cachée dans les toilettes d'un restaurant, d'un cabaret, avec la complicité de la préposée obéissant à un mot de passe, recueillie à bord d'un taxi, planquée dans une poche de siège, etc. Le n° 110 de *Police Magazine*, en date du 1er janvier 1933, décrivait consciencieusement ces stratagèmes tacites entre le fournisseur et le récepteur.

Par sa dénomination féminine et sa représentation dans les reportages photographiques, la coco était assimilée aux femmes. Corollaire du machisme ambiant ou bien représentation fantasmée du péché originel prorogé, la tentation, le vice, s'illustrait sans discontinuer au féminin. Pendant ce temps, Fréhel, la reine des marges, chantait : « Comme les copines, je me morphine/ Ça me rend tout rigolo / Je prends de la coco/ Ça trouble mon cerveau / L'esprit s'envole [...] Je deviens folle. » Or elle mourut d'alcoolisme.

En 1935, à Paris, rue du Faubourg-Saint-Honoré précisément, se produisit une explosion suivie d'un incendie. Il s'avéra que le lieu abritait un laboratoire clandestin distillant de l'héroïne, le siège d'« ingénieurs » avisés en provenance de Bulgarie, de Belgique, œuvrant à destination des États-Unis. *Police Magazine* révélait par la

plume de son enquêteur : « La tête, il faut la chercher en France, peut-être, mais alors à Marseille ou au Havre, où s'organisent les gros envois. Et peut-être qu'en suivant la filière, c'est-à-dire en partant de la rue Blanche, du boulevard Rochechouart ou de la place Pigalle, on arriverait au chef de la magnifique entreprise montée en plein faubourg Saint-Honoré et qu'un stupide accident interrompit brusquement. » La France, donc, rivalisait de haute lutte avec les États-Unis, où le produit s'écoulait chez les malfrats, parmi les élites, et même chez les déshérités réduits à l'esclavage pour se le procurer.
Votée en France en 1916, durant la Première Guerre mondiale, une loi de prohibition sévissait : la cocaïne faisait figure d'« arme des boches », attentant au physique, chez les hommes, au moral, chez les femmes – le mal, le tabou, répertorié en deux effets nets, sans appel. La drogue – la came – s'étant répandue dans les milieux de la prostitution et des fêtes nocturnes parisiennes, Paris fut pointé comme étant la capitale du trafic et de la consommation pendant les Années folles. Tombée en désuétude, traquée au terme des années trente, la pratique réapparut après la Seconde Guerre mondiale (voir la French Connection, page 60). Montant d'un cran dans les années quatre-vingt, elle tend quelque peu à se banaliser de nos jours, où le deal déborde : la cocaïne, aux effets dynamisants, est désormais courante dans les milieux financiers comme underground, là où la performance dicte sa loi. Face au chiffre, quoi qu'il recouvre, la loi et la morale finissent toujours par reculer.

La traite des Blanches

Autre fléau pointé dès les années trente : celui qu'on appelait alors la traite des Blanches, redoutée ici tandis qu'à l'autre bout de la chaîne la prostitution fleurissait. « Marchés de femmes – sensationnel reportage de Marcel Montarron », titrait *Détective* en une le 11 avril 1935. Il y plantait le décor d'un tripot chic du côté de la place Blanche où quelques proxénètes, une dizaine, tapaient le carton, tous spécialisés dans l'exploitation des femmes en France et sur divers continents, leur commerce fonctionnant dans les deux sens. Dotés de surnoms confinant au totem – Alfred le Balafré (le balafré, celui qui trahit et qu'on marque), Paul le Cuirassier, Joseph de Montevideo, Georges de la Maubert, Nine le Pianiste, René Passe-la-Main –, ils avaient tous bourlingué à travers le monde. Mentors cyniques de l'« épopée de la traite », tenanciers de « maisons » lucratives, ils se positionnaient en ravitailleurs de femmes sur les marchés de Buenos Aires, de La Havane, du Caire, d'Amérique du Nord, d'Argentine, du Venezuela, autant de villes et de pays où ils œuvraient en direct ou par relations interposées. Pas du genre à s'embarrasser de morale ni même d'un respect minimum de la vie, ils s'adonnaient à ce trafic humain comme d'autres à celui de la neige ou des produits de cambriolage.

Colonisée par les Corses, les Marseillais et les « Américains » – ceux qui avaient œuvré outre-Atlantique –, la place Blanche était devenue, en 1935, le centre névralgique de ces « exploiteurs d'amour ». La traite, réduite à un négoce ordinaire, se démultipliait partout sur la planète au gré de la demande. À l'Aquarium, place Blanche, où se déroulait la scène, ces messieurs de la gent aquatique, barbeaux ou maquereaux, barbotins, selon les appellations usitées d'alors, s'entretenaient du flux en France : « À propos, comment vont les affaires ? – Doucement, les amis, Aix, Reims sont tombés ; Rouen, c'est bon, mais la remonte est difficile car la visite y est terrible ; Grenoble est fermée ; dans le Nord, les estaminets à gonzesses ont ruiné les taules de Roubaix et de Lille… Où est le bon temps des Amériques ? » En guise de couverture, les plus nantis possédaient des magasins, des hôtels, roulant grand train, avec chauffeurs et berlines rutilantes. N'hésitant pas à abattre froidement une femme qui aurait contrevenu à leurs règlements arbitraires, s'occupant à se trahir pour le gain, pour plus de « surfaces commerciales », ils paradaient en maîtres du quartier, des destins de leurs obligées. Mais si ces prétendues « responsabilités » visaient à légitimer les mœurs et les comportements des souteneurs, de l'autre côté du miroir, le décor était nettement moins reluisant. Dans un reportage effectué rue de Galles, à Bordeaux, pour *Police Magazine* en 1933, une prostituée témoignait du traitement de celles de sa condition : « Elles se défendraient s'il n'y avait pas un homme dont elles sont généralement le doublard et qui leur prend tout [...] Il y en a qui sont pas mal et qui changent de savon et serviette à chaque client [...] C'est le patron du bar Malbos qui se les partage presque toutes. Un bon placement, tiens ! » D'un côté, luxe, opulence et corruption ; de l'autre, soumission, fatalité, misère, iniquité érigée en système de domination mâle.

Il était temps que les femmes, libres de disposer d'elles-mêmes, se dressent pour défendre ce qui leur restait de dignité. Au gré de multiples luttes et mouvements spectaculaires, les prostituées se défendirent. Les maisons de tolérance ayant été fermées en France en 1946, naquit en 2009, à l'issue des Assises européennes de la prostitution, le Syndicat du travail sexuel. Même s'il ne s'agit pas d'un métier comme les autres, il était urgent de ne plus cantonner à la marge une pratique sociale qui, *in fine*, mérite protection, commisération, respect.

L'homosexualité

L'assassinat d'Oscar Dufrenne

Longtemps classée comme une déviance, une maladie, une perversion, l'homosexualité fit l'objet de harcèlement de la part de la police. Particulièrement « réglementée », c'est-à-dire stigmatisée sous le régime de Vichy, elle ne fut plus classée comme maladie en juin 1981. Pour qualifier ces relations, on évoquait volontiers des amours inverties, contre nature, « antiphysiques ». Retour sur un crime de sang commis le 24 septembre 1933 à Paris, celui d'Oscar Dufrenne.

Appelé le « crime du Palace », du nom du lieu dont la victime était le directeur, cette affaire crapuleuse fit grand bruit : Oscar Dufrenne, personnalité en vue du Tout-Paris, menait de front des activités politiques – élu conseiller municipal de la capitale sous la bannière du Parti radical. Tour à tour artiste, puis organisateur de tournées, imprésario de Mayol, directeur du Concert

Mayol, des Bouffes du Nord, et concomitamment du Bataclan, du Palace et du théâtre de l'Empire, qu'il fit construire, il avait été également éditeur de chansons et auteur de revues où se produisirent Mistinguett, Joséphine Baker où Marie Dubas. Tout-puissant dans le monde du music-hall, proche du pouvoir, il forçait le respect.

Le 25 septembre 1933, *Le Journal* titrait : « Mystérieux assassinat de Monsieur Oscar Dufrenne, conseiller municipal et directeur de plusieurs music-halls – peu après minuit, on l'a retrouvé sans vie dans son bureau, la tête fracassée à coups de marteau. » En un éclair, sa vie mouvementée, ses mœurs spéciales furent mises en lumière, laissant entendre qu'elles pouvaient être à l'origine de son meurtre quand il était rétrospectivement exposé en « Dorian Gray des promenoirs de music-halls ». Deux jours plus tard, le 27, *Paris-Soir* proclamait : « Les recherches se resserrent autour du jeune marin assassin présumé d'Oscar Dufrenne – Ce serait un habitué des bars voisins de la place Pigalle. » Versant commentaire, *Détective* donnait la parole à un homme de la rue, sceptique : « Depuis le premier jour, la police connaît l'assassin [...] Pensez-vous qu'on laissera s'étaler aux débats publics de la cour d'assises tout ce joli tableau de mœurs ? » Sur la même fréquence, *Gringoire*, aux sympathies droitières marquées, grinçait : « En France, on est bon pour les anormaux. Il vaut mieux encore leur liberté que les scandales auxquels donneraient lieu des procès où serait déballé un linge aussi sale. » Le 18 octobre, *L'Appel*, ouvertement d'extrême droite, renchérissait : « M. Oscar Dufrenne était pédéraste. Il ajoutait à ce vice des fantaisies au moins singulières. Il n'a pu être tué sans bruit que grâce à la position dans laquelle il se trouvait au moment du drame. » À l'adresse d'un lectorat qu'elle estimait uniquement hétérosexuel, la presse dans son ensemble s'étendait sur le mobile indicible en soi. À volontairement le confondre avec le fond de mœurs, c'est l'homosexualité qui était incriminée.

Presque un an après le crime, *Le Matin* soulignait : « Paul Laborie, beau jeune homme de 23 ans, appartenait à cette faune spéciale qui évolue dans divers bars louches de Montmartre et qui échappe, tant son activité est coupable, à toute classification définie. » De toutes les sensibilités, la presse insidieuse maniait l'euphémisme racoleur. Le 20 octobre 1935, le procès de Laborie ouvert, *Le Populaire* jetait le voile : « Mais tout ce que l'on dit publiquement ne saurait s'écrire, et le chroniqueur sera nécessairement tenu à certaines réserves. Aucun journal ne pourrait publier l'acte d'accusation intégral et le parti le plus obstiné de ne rien dissimuler ne passe pas le seuil de l'antre de Dufrenne. »

Sans qu'aucune preuve n'ait pu l'impliquer, au terme d'une campagne de presse déchaînée et d'un procès aussi tumultueux, Paul Laborie fut acquitté – l'homosexualité rejetée à la marge, forcément.

Les sœurs Papin

Elles empoisonnent l'opinion (1933)

Rentable en papiers, l'année 1933 reste comme une pierre blanche des ventes pour au moins deux crimes tonnants, celui des sœurs Papin et celui de Violette Nozière, six mois plus tard.

Les sœurs Papin n'avaient pas mauvaise presse chez leur employeuse, Mme Lancelin, au Mans, où leur mère égoïste, Clémence, préférant filer grand train, les avait reléguées comme domestiques, comme servantes dans l'esprit d'un XIXe siècle qui se prolongeait pour celles et ceux qui n'avaient pas voix au chapitre social. Contrairement à Violette Nozière, l'une et l'autre n'avaient de cesse de plaindre et d'aimer leur père, Gustave, méprisé par leur mère, qui l'avait éloigné d'elles. Christine, l'aînée, Léa, sa cadette, bien que soumises d'apparence, n'avaient jamais tout à fait renoncé à inverser un jour la vapeur sociale, à se sortir de leur condition et à extraire de la sienne ce père floué qui les aimait en retour.

Même relativement bien traitées chez leur employeuse, qu'elles appelaient « Maman », les deux sœurs se ressentaient de frustrations intimes et sociales. Bientôt, sous l'impulsion de Christine, l'esprit prégnant du duo, elles entreprirent de s'émanciper dans tous les sens du terme – émancipation effective pour la cadette, Léa, âgée de vingt ans en 1931, quand Christine en avait vingt-six. Parce qu'elles devaient régulièrement se plier aux injonctions de Mme Lancelin, mère d'une fille, Geneviève, sensiblement de leur âge, elles cumulaient les rancœurs. Nourrissant le sentiment amer de n'être nées que pour servir, souffrir, elles se montaient l'une et l'autre. Parfois, elles cédaient à des crises de surexcitation inexpliquées, à moins qu'elles ne fussent le résultat physique de leurs doléances sourdes et étouffées.

Puis survint cet après-midi funeste du 2 février 1933, lorsque, Mme Lancelin et sa fille parties, elles étaient restées à travailler, Christine au repassage, Léa au ménage. Le fer électrique étant tombé en panne à cause d'une coupure de courant, il semble bien que cet élément *a priori* anodin ait soudainement été à la source de leur énervement conjoint, vecteur de leur crime en gestation, déterminant pour un passage à l'acte. Au retour de Mme Lancelin, quelques mots grinçants échangés furent pour les sœurs le signal donné d'un carnage à accomplir, dans d'ignobles circonstances, au prix d'un acharnement hors normes sur l'employeuse et sa fille, massacrées à coups de pots en étain, de marteau, de couteau – Mme Lancelin, un œil énucléé. Aux racines psychanalytiques, un meurtre symétrique : deux meurtrières pour deux victimes.

Ce drame lisible à plusieurs entrées – sociale, notamment, pour ce qu'il véhiculait d'affrontement de classes – inspire des commentaires antinomiques. Factuel, *Le Journal* du 3 février relevait : « Le cynisme de deux jeunes bonnes qui, au Mans, tuèrent leurs deux patronnes avec une férocité inouïe. » *L'Humanité*, quant à elle, les défendait : « Les véritables raisons de ce meurtre, on peut les chercher dans l'enfer que vivaient ces deux "domestiques" dans cette famille bourgeoise. Oh ! Non pas qu'elles soient mal nourries ou mal logées, mais plutôt les vexations, les rabaissements que chaque jour leur faisaient subir les patrons, et la patronne en particulier [...] Et il y avait sept ans que la vie d'esclave durait. Trouvez-vous étonnant qu'à la suite d'une dernière menace, toute la rancœur, toute la haine que l'imbécile bourgeoise avait accumulée au cœur de ses servantes aient tout à coup explosé avec une rage folle ? Certes, il ne s'agit pas ici d'approuver le geste des deux sœurs, mais de l'expliquer, de montrer comment ces servantes modèles quant à leur travail en sont arrivées à cette absurde extrémité. » Les deux sœurs photographiées côte à côte à la une, *Détective* titrait : « Les brebis enragées ». Elles trouvèrent néanmoins l'appui des surréalistes, Péret et Éluard saluant la dimension onirique de leur double meurtre.

S'en étant accusée, le 29 septembre 1933, Christine fut condamnée à mort, graciée ensuite par le président Albert Lebrun, sa peine commuée en travaux forcés à perpétuité ; un cran en dessous, Léa écopa de dix ans de travaux forcés et de vingt ans d'interdiction de séjour pour sa « collaboration ».

Les empoisonneuses
Quelques gouttes suffisent

De Locuste, dans l'Antiquité romaine, jusqu'à Simone Weber, à la fin du XX*e* *siècle, sans oublier Catherine de Médicis au* XVI*e* *ou Hélène Jégado et Marie Lafarge au* XIX*e*, *Violette Nozière, la parricide des années trente, et Marie Besnard en 1949, la tradition des empoisonneuses s'étend, sombre et maléfique.*

Locuste, sachant mettre de l'ordre au palais, et qui eut notamment raison de Claude et de Britannicus, excellait dans la technique de la mithridatisation, de l'empoisonnement à petites doses, dans la confection du plat de cèpes agrémentés d'amanites phalloïdes. De nombreux indices convergent pour affirmer que cette pratique brevetée dans la péninsule, et améliorée au gré de nouvelles substances, fut importée en France par Catherine de Médicis. Au XIXe siècle, sous la Restauration et Louis-Philippe, deux femmes, Hélène Jégado et Marie Lafarge, firent preuve de maestria en l'espèce : la première, domestique, avec cinq tentatives réussies à son actif ; la seconde, arrière-petite-fille supposée de Philippe Égalité et de Félicité de Genlis, en supprimant son mari à la poudre d'arsenic contenue dans la mort-aux-rats. Les forfaits de la première furent largement commentés dans les feuilles de l'époque, celui de la seconde le fut moins, en une période où la presse était censurée (sous Louis-Philippe) ; qui plus est, sa prétendue ascendance de « bâtarde orléaniste » aurait attenté au nouveau pouvoir surgi des émeutes de 1830. Hélène Jégado fut guillotinée, Marie Lafarge fut condamnée aux travaux forcés à perpétuité, puis graciée par Louis-Napoléon Bonaparte en 1852, quelques mois avant sa mort. Peu ou prou, à deux siècles de distance, elles descendaient de la Voisin ou de la Brinvilliers sous Louis XIV, reines de la potion truquée, qui le payèrent de leurs vies raccourcies.

Assimilé couramment à la sorcellerie, associé à la séduction, aux manques de moyens physiques pour agir, l'empoisonnement fut répertorié comme une technique funeste spécialement prisée des femmes. Le mythe de l'empoisonneuse fourbissant son projet dans l'ombre se perpétuait, prenant ses sources dans la Grèce antique : Circé, virtuose dans l'élaboration de philtres et breuvages qui métamorphosent les gens en animaux.

Violette Nozière : la muse des surréalistes

Véritable phénomène de l'alliance entre le crime et la plume, l'affaire Violette Nozière divisa le pays tant au plan de l'opinion populaire que de l'intelligentsia dans la presse, suscitant l'adhésion ou le rejet selon que l'on prît en compte le contexte social instable de l'époque ou bien que l'on se référât à la morale, forcément déliquescente. « Paresseuse, sournoise, hypocrite et dévergondée. D'un exemple déplorable pour ses camarades. » Telle était décrite par l'un de ses professeurs de lycée excédés Violette Nozière, née à Neuvy-sur-Loire en 1915. Fille de Baptiste Nozière et de Germaine Hézard, elle était domiciliée avec eux dans le XIIe arrondissement de Paris après la Première Guerre. Pourtant, celle qui empoisonna son père le 21 août 1933 au soménal, un barbiturique – elle s'y était déjà essayée en mars – avait commencé par se montrer brillante sur les bancs de l'école primaire. Lors des deux tentatives, sa mère en réchappa. Adolescente précoce, elle sillonnait le Quartier latin, son carré de prédilection, en quête d'aventures. Bâtissant des mensonges autour de son identité ou de sa fonction, elle trichait autant sur celle de ses parents, surtout de son père employé de la SNCF. En mal d'ascension sociale, aspirant à une vie facile, rêvant de Bugatti et de voyages aux Sables-d'Olonne, auteure de larcins chez les commerçants, dérobant les économies de ses parents, elle tomba bientôt amoureuse d'un certain Jean Dabin, au profil trouble, qu'elle entretenait plus ou moins. S'adonnant à la prostitution occasionnelle, elle contracta la syphilis en 1932. *Via* un faux certificat de virginité, elle accusa ses parents d'une maladie contagieuse congénitale approchante. Son père était spécialement visé, ce père travailleur dont, pour s'arranger vis-à-vis de la galerie, elle avait souvent laissé entendre qu'il avait tendance à oublier les bornes de la paternité. À dix sept-ans à peine révolus, par une ambition démesurée et un goût effréné du luxe, elle avait déjà pris le pli du vice aux portes du parricide.

Mythomane, plus sûrement menteuse, voleuse, de mœurs légères, assassine par surcroît, elle se projette sur le devant de la scène en une année mémorable où déjà, au Mans, le 2 février, les sœurs Papin se sont rendues coupables du double meurtre de leur patronne et de sa fille. Dans cette décennie combustible aux plans de la morale chahutée, tous les ingrédients s'assemblaient pour un scandale éclatant.

Dans son prolongement, le crime de Violette Nozière ne manquait pas de romanesque. La délictueuse en cavale, son portrait fut publié dans la presse. Béret de velours noir, grand manteau, col de fourrure, son image s'enracinait pour la postérité. Grâce à cet appel à témoin béni pour les ventes, *Le Petit Parisien* tira à 1,6 million d'exemplaires par jour. Confondue par un aristocrate qui la dénonça, elle fut arrêtée huit jours plus tard à Paris. Si Marcel Aymé, dans *Marianne*, s'en prit au délateur, Drieu la Rochelle, lui, approuva cette manœuvre payante par voie de presse.

Avec ce prénom de fleur – du mal – exhalant un parfum vénéneux, le cas de Violette fit se dresser l'opinion, emblématique qu'il était de la figure d'une jeune fille prétendant s'élever coûte que coûte dans la société *via* un bon parti. En empoisonneuse de sang-froid, elle incarnait le meurtre au féminin dans l'imaginaire de l'époque. La publication de photos d'elle nue confirmait son image délétère de jeune fille corrompue. En ce qu'il attentait aux bonnes mœurs bourgeoises et au patriarcat omnipotent, son acte s'estompa quelque peu derrière une polémique doctrinaire sur fond politique. « Avariée » au plan sexuel, selon l'expression usitée pour désigner les femmes atteintes de la syphilis, elle fit vite figure de femme subversive coupable du crime des crimes, celui du père, incarnation du pilier de la société. Tandis qu'elle ne manifesta aucune difficulté pour avouer son forfait, dans le cabinet du juge d'instruction elle reprit ses accusations

à l'encontre de feu son père, auteur prétendu de viols réguliers, d'inceste.
Ce sujet hautement tabou dopa la plume d'une partie des intellectuels et artistes progressistes d'alors. Ainsi, à son insu, Violette Nozière ne tarda pas à se rallier les suffrages des surréalistes, dont celui de Benjamin Péret, acceptant sa version au pied de la lettre, auteur d'un poème alléguant : « Mais le papa qui sentait le feu de sa locomotive / un peu en dessous de son nombril violait dans la tonnelle du jardin. » La version de la parricide revêtait un semblant de cohérence, au moins en surface. Dans *L'Écho de Paris*, non sans mansuétude, François Mauriac écrit : « Il semble que son forfait soit plus grand qu'elle. » À l'opposé, un article de *Police Magazine* paru le 10 septembre 1933 ne l'exempte de rien : « Tout, ici, se trouve réuni, l'absence complète de morale, le goût exacerbé du lucre et du plaisir, l'inconscience du mal, la cruauté la plus atroce, l'indifférence la plus absolue, dénuée de tout remords après le geste le plus répugnant. Le crime de Violette Nozière est le superlatif du crime. »
Les surréalistes, donc, venus à sa rescousse, publièrent en décembre 1933 aux éditions du Terrain Vague un recueil dévolu à sa célébration interlope. Ils s'étaient déjà manifestés au secours des sœurs Papin quelques mois auparavant. Où l'on retrouvait les photographies, les signatures ou les dessins de Man Ray, d'André Breton, de René Char, de Paul Éluard, de Benjamin Péret, de Salvador Dali, d'Yves Tanguy, de Max Ernst, de Victor Brauner, de René Magritte, d'Hans Arp et d'Alberto

Giacometti – un bel aréopage. Partisan sans frein, Éluard écrit : « Violette rêvait de bains de lait / De belles robes / De pain frais / De belles robes… » Plus intérieur, André Breton plaide : « Ce que tu fuyais / Tu ne pouvais le perdre que dans les bras du hasard… » Par les références à Eschyle et à Œdipe, le crime de Violette Nozière sortait en quelque sorte de son lit.

Constituée partie civile lors de son procès, sa mère implora cependant la clémence des jurés. Dans *Paris-Soir*, le rédacteur pointait : « Partie civile ? Une mère, avec son enfant, ne peut être que partie humaine. Mais les jurés, c'est couru, ne pardonneront pas. » Le procès s'étant étendu sur quarante-huit heures, Violette Nozière fut condamnée à mort le 12 novembre 1934. Les femmes étant exemptées de la guillotine, sa peine fut commuée en emprisonnement à perpétuité, aménagée à nouveau en 1942 et réduite à douze ans de travaux forcés. Mère de cinq enfants, elle mourut en 1966 au Petit-Quevilly, en Seine-Maritime. Dans *Paris Match*, un article signé Georges Reyer se concluait ainsi : « Jusqu'à la fin, elle a fait preuve d'un courage bouleversant, nous dit la religieuse qui la soignait depuis longtemps […] Elle s'était rachetée. Elle nous a quittés sauvée. » Dans son livre *Justice et littérature*, paru en 2011 aux Presses universitaires de France, l'avocat Jacques Vergès se payait de moins de certitudes : « Qui était donc Violette Nozière, inconnue, endeuillée pour la vie, qui s'est réfugiée dans le silence sans jamais délivrer son mystère ? »

Qui dure…

Marie Besnard
Arsenic et vieilles dentelles

Sans mobile précis identifié, cette affaire apparaît aujourd'hui encore comme un cas d'espèce où le mode opératoire – supposé – dépasse le cas de l'accusée, étrangère aux crimes imputés, absoute en quelque sorte par l'arme – le poison –, qu'elle n'aurait pas employée. C'est ainsi que la fausse Veuve noire d'aspect se blanchit.

« Je meurs empoisonné. » Tels furent les derniers mots du second époux de Marie Besnard, le 2 octobre 1947. Ils sont reportés par Mme Pintou, une veuve, ancienne employée des Postes, amie du couple et sa locataire. Ainsi débute l'une des affaires criminelles les plus spectaculaires des années cinquante. À Loudun, dans la Vienne, où elle habite et où la sorcellerie tient un rôle historique, les langues se délient : « Marie Besnard est une sorcière. » Un lot de morts suspectes dont elle n'a jamais été loin

par les circonstances ou les accointances remonte à la surface. Douze corps sont exhumés, parmi lesquels ceux de son premier mari, de son beau-père, de son cousin et de sa mère. Toutes les dépouilles renferment de l'arsenic. Celle que l'on surnomme « la bonne dame de Loudun » est arrêtée. L'amour, l'appât du gain, du poison, un fou dans l'affaire, Auguste Massip, des rumeurs croisées et contradictoires – tous les ingrédients concourent à bâtir un juteux roman populaire aux multiples ricochets.
Marie Besnard comparaît devant la cour d'assises de Poitiers le 20 février 1952, devant une foule de journalistes venus du monde entier – cent quatre-vingts recensés, un record pour l'époque. Et vite, devant les jurés, à la place de l'accusée, c'est l'arsenic qui tient le premier rôle, cet arsenic dont elle prétend qu'il proviendrait de la terre du cimetière. Un argument à tout le moins saugrenu pour la défense de celle qui fait figure d'accusée flagrante, secrète et manipulatrice.
Le grand chroniqueur judiciaire de l'époque, Frédéric Pottecher, prend sa défense. Il penche pour la théorie de l'imprégnation du sol ou d'objets sacrés ensevelis près des défunts. Cette solubilisation restera au cœur de la procédure.
Pour un second acte, la cour avait demandé que soient nommés de nouveaux experts, que les restes soient reclassés. L'affaire déportée à Bordeaux, un nouveau procès débute. Au cours duquel l'expert psychiatrique, André Cellier, déclare : « Marie Besnard est normale, tellement normale qu'elle est anormalement normale. » Et

bien que les relevés toxicologiques aillent dans le même sens qu'à la première cession, aucune preuve supplémentaire de culpabilité de l'intéressée n'est apportée. Elle est mise en liberté provisoire le 12 mai 1954, en échange d'une caution collectée parmi ceux de ses proches qui demeurent de son côté. Fin de l'acte 2 en suspens.

Plus de sept ans plus tard, en novembre 1961, un nouveau procès s'ouvre – acte 3. Les recherches resserrées autour des traces d'arsenic sont poussées au maximum. L'argument ambigu d'un expert, maître de recherche au Centre national de recherche agronomique, délivré face à la cour saura infléchir la décision des jurés : « Vous avez enterré vos morts dans une réserve d'arsenic. » Trois procès, douze ans de débats scientifiques et judiciaires, Marie Besnard est acquittée. Pour la première fois, elle parle, libre, d'une voix de petite fille mal placée, un peu chantante sur les finales : « Je continuerai ma vie comme autrefois, au jardin, et j'aspire à vivre en paix, à me faire oublier. » Des foules d'erreurs d'acheminement des preuves matérielles, des bocaux de prélèvements, des témoignages embrouillés, son mutisme mesuré et son aplomb glacé auront conspiré en sa faveur.

Une enquête postérieure tendit à démontrer qu'un effet de saturation dû au sulfatage des fleurs, aux décompositions d'ornements en zinc, aux crucifix, pouvait effectivement avoir été à l'origine de cette dénaturation du sol. Une hypothèse, en rien un arrêté irréfutable.

A posteriori, force est d'admettre que Marie Besnard avait le faciès, la silhouette et le comportement de l'emploi :

tout de noir vêtue, le crâne ceint d'une voilette brodée, en veuve perpétuelle, le teint pâle et beurré, le regard calme, introspectif, derrière ses lunettes cerclées de bon goût, avec cet air impénétrable qui sied aux lourds secrets. Née Marie Joséphine Philippine Davaillaud, elle avait au gré de deux mariages vu s'enchaîner les décès qui avaient pour la plupart donné lieu à des successions à son bénéfice. À la tête d'une jolie dot, elle s'était attribué un amant jusqu'au jour où son second mari expira avec les mots que l'on sait, recueillis par sa maîtresse prétendue, cette Mme Pintou très impliquée, à la base de l'affaire. La presse ne fut pas avare de commentaires sur ce cataclysme hexagonal aux répercussions planétaires. À la une de *Qui ? Détective*, en 1949, tout est résumé pour un portrait-robot dénonciateur : « Amenée du cabinet de Poitiers au juge d'instruction, Marie Besnard, l'empoisonneuse de Loudun malgré son double voile est éblouie comme un oiseau de nuit par la lumière : Arsenic et vieilles dentelles. » À la même époque, *Point de Vue – Images du Monde* ouvre son article par une accroche en forme de bilan : « Treize morts, sept crimes, un héritage ». Le 7 mars 1952, *Paris Match* laisse place à l'image, l'accent mis sur l'ampleur de l'événement : « Marie Besnard, le plus grand procès de l'après-guerre raconté par nos photographes. » L'affaire délayée sur tous les modes, Marie Besnard rendue à la liberté, l'hebdomadaire *Confidences* bouillait en 1962, à destination de son lectorat féminin (avec un fort coefficient publicitaire) : « Et si cela vous arrivait demain ? Si, innocente, vous étiez emprisonnée, accusée d'avoir empoisonné les vôtres, mise au pilori, considérée par le monde entier comme la plus grande empoisonneuse de tous les temps ? C'est la terrible expérience vécue par Marie Besnard. Cette terrible expérience est racontée au jour le jour par celle qui a tant souffert en un document unique – Les Mémoires de Marie Besnard illustrés de documents photographiques dont *Confidences* s'est assuré l'exclusivité. »

Maudite d'abord, louée ensuite, blanchie et célébrée, au comble d'un dilemme public, Marie Besnard apparaissait comme un personnage de fiction dont le parcours erratique n'aurait eu d'autre objet que de faire couler de l'encre.

Simone Weber
La diabolique de Nancy

Celle qui fut surnommée « la diabolique de Nancy » présente au moins un trait commun avec Marie Besnard : son aplomb. Déployant une morgue et une ironie démonstratives, volubile et menteuse, sinuant adroitement parmi les embûches ciblées du juge d'instruction, elle se bâtit la légende d'une indestructible que tout accusait pourtant. Vingt-cinq avocats mobilisés sur la durée de 1985 à 1991, un dossier de 18 000 pages, un crime mais pas de cadavre, une valise emplie de restes humains, un tronc, un mariage usurpé, un testament douteux qui se révélera faux, un second mort, ainsi pourrait se résumer l'affaire Simone Weber à Nancy. Une affaire aux contours embrouillés qui verra se débattre la suspecte à plus d'un titre. D'une ingéniosité pléthorique en dépit de ce que son caractère ordinaire pouvait laisser supposer, elle fut condamnée à vingt ans de réclusion criminelle, libérée au bout de huit, en comptant les remises de peine pour bonne conduite.

Car la prévenue ne manquait ni d'arrogance ni de superbe. Charmante et terrifiante, elle accueillit son jugement d'un éclat de rire effronté, de même qu'elle se plut à réfuter ses avocats à la chaîne – dont le très énigmatique Me Vergès, qu'elle estimait trop vulgaire, à la suite d'une description saillante de sa personne face au juge Thiel : « Vous avez créé une effrayante chimère avec les couilles de Landru et les ovaires de Marie Besnard[1]. »

Dans *Le Figaro* du 4 mai 1991, sous la plume de German Arce Ross, psychanalyste, on lisait ces lignes : « Il n'y a pas une preuve matérielle, définitive et irréfutable, pour une sentence indiscutable, mais on trouvera plusieurs signes portant sur des pièces à conviction, des similitudes qui peuvent difficilement passer pour de simples coïncidences. » En effet, Simone Weber n'a jamais avoué le meurtre de son amant Bernard Hettier, qu'elle persécutait depuis qu'il avait rompu, épuisé par sa jalousie possessive. Brève romance pour conséquence tragique, les restes de celui-ci avaient été retrouvés dans une valise flottant sur un bras mort de la Marne. Soupçonnée de l'avoir abattu d'un coup de 22 Long Rifle, puis découpé à la meuleuse louée en vue de commettre ce forfait. Dans la nuit, les voisins l'avaient entendue se servir d'un

1. Bernard Violet, *Vergès, le maître de l'ombre*, Seuil, 2000.

instrument qui faisait du sur-place – qui, donc, n'aurait pas été un aspirateur. La meuleuse ?
Sur la piste de la vérité, le juge d'instruction, Gilbert Thiel, ne la perdra plus de vue. Pourtant, il ne la fera pas arrêter, se contentant de la faire filer. À la suite de quoi, au fil des mois, il découvrira autour d'elle l'embryon d'un réseau familial constitué de son gendre, de sa sœur, Madeleine – il réussira à percer les codes chiffrés qu'elles utilisent, correspondant à des numéros de cabines téléphoniques d'où elles communiquent pour échapper aux écoutes. Elles seront interpellées lorsque la voiture de Bernard Hettier sera retrouvée dans un box, à Cannes, où résidait Madeleine. Dans *L'Est républicain*, qui couvre l'affaire de près, on lit le 7 novembre 1989 : « Quatre ans pour reconstituer un puzzle macabre. "Pas d'aveux, pas de cadavre, pas de mobiles." Les avocats de Simone Weber ont érigé en système de défense cette petite phrase qu'ils martèlent depuis quatre ans. Et pourtant ? »
À partir de cet instant, les mensonges de Simone Weber s'enchaînent avec une rectitude hallucinante, comme si, la première, alors qu'ils sont invraisemblables, elle semblait y croire mordicus. Les pièces à conviction affluant, elle lutte pied à pied avec sa technique éprouvée du mensonge aberrant. Parmi celles qui sont retrouvées chez elle, les policiers pointent un contrat de mariage contracté avec un dénommé Marcel Fixard. Il s'avérera qu'elle l'avait épousé par procuration, ayant convoqué un figurant pour les actes à la mairie. On le conçoit bien,

Simone Weber ne manque ni d'estomac ni d'imagination, rivée à son projet avec un cran inaltérable.
À la mort précipitée de Marcel Fixard, elle hérite d'une somme rondelette. Concernant ce point crucial, les policiers se penchent sur la cause de ce décès, survenu trois semaines après les noces truquées. Où il fut établi qu'étant sa dame de compagnie sous un faux nom, elle lui inoculait des substances. Le juge Thiel, convaincu de sa culpabilité, l'inculpe du meurtre. Un meurtre qu'elle refusera encore d'endosser. Les expertises étant impossibles, elle sera acquittée. Comble d'ironie, son faux mariage non invalidé, elle restera sa veuve, héritant de sa maison.
La suite ne sera que recoupements entre les allégations – fausses – de Simone et les éléments qui la confondent. Toutes les analyses techniques opérées auront beau la désigner, elle ne cédera pas. D'un narcissisme aigu, affichant l'allure paisible d'une grand-mère rangée, elle méritera hautement son titre en forme de superlatif : la diabolique de Nancy. Figure médiatique, cliente de sa personne, naviguant entre grand-guignol et vaudeville, elle se plaira à construire son profil de comédienne perfide.
En 2002, en dépit des faits qui l'auront conduite à être incarcérée, elle continuait à plaider son innocence. À *L'Est républicain*, elle déclara : « Couper quelqu'un en morceaux, non mais le monde est plus que fou. C'est impensable. »
Effectivement, elle avait raison, c'est impensable. Empoisonnant, même.

Angelo Di Marco
Le crime et le trait

Ayant débuté pour *Le Hérisson*, en 1946, à 19 ans, collaborateur de *France-Soir*, *Radar*, *Détective*, *France Dimanche*, *Noir et Blanc*, *Paris-Jour*, etc., dévoué à la cause judiciaire, Di Marco fut également un dessinateur de bande dessinée ; on lui doit *Capitaine Ardant* ou bien *Ivanhoé* dans *Bravo* et *Télé 7 Jours*. Avec un style identifiable entre tous, mélangeant noirceur et réalisme, il éleva le portrait judiciaire croqué sur le vif au rang d'art. Dans son *Dictionnaire amoureux des faits divers* (Plon, 2014), Didier Decoin le dépeint ainsi : « Il était aux faits divers ce que Fra Angelico est au monde des anges, Toulouse-Lautrec à celui des danseuses de cancan, et Claude Monet à la nonchalance des nymphéas aux teintes de guimauve. » Avec un esprit de série B au cinéma, dans la peau d'un metteur en scène par le trait, il croqua des milliers de portraits de commis en justice. Il collabora même à en faire arrêter quelques-uns. Ainsi, en 1959, comme il en témoigne dans *Angelo Di Marco, l'art du crime* (Steinkis, 2015) : « C'était en 1959. Je m'étais rendu à la PJ, au fameux 36, quai des Orfèvres, où la voisine de palier de la victime m'a décrit le type qu'elle avait entrevu. Je dessinais, elle rectifiait, je dessinais, elle rectifiait – bref, ça a duré trois heures. *Détective* a publié ce portrait-robot à la une, et peu après, grâce à ça, le gars a été arrêté. Aujourd'hui, on arrive au même résultat en faisant des simulations sur ordinateur. Mais à l'époque, c'était pas mal, non ? » Pour autant, ce n'était pas sa fonction. Scrupuleux envers celui, en mauvaise position, qu'il immortalisait, il déclarait volontiers : « La nature même de mes dessins protège la victime puisque j'arrête le geste du meurtrier juste avant qu'il ne se produise, la victime reste ainsi sauve pour la postérité. » Cette postérité dans laquelle il est entré en 2016.

Les truands
La loi du dernier survivant

De François Villon à Mémé Guérini en passant par Lacenaire, Carbone et Spirito, qu'il escroque en col blanc ou sous sa dégaine ordinaire, qu'il opère à l'arme blanche ou à la poudre, qu'il braque ou qu'il cambriole, de nuit ou de jour, qu'il exploite les femmes ou les hommes, dans n'importe quelle spécialité, le truand agit rarement seul. Qu'il soit du milieu, de la mafia, de la pègre, de la racaille, il se fond dans le bloc de ses congénères.

Qu'il sévisse en groupe, en bande, en gang, il fait volte-face quand ses dividendes ou sa survie sont en jeu, se définissant aussi bien par son sens de la parole donnée en vertu d'un code d'honneur établi que par sa capacité à s'en défaire, à trahir en cas d'urgence. Un pour tous, chacun pour soi ! Dans *Le cave se rebiffe*, un film de Gilles Grangier (1961), Michel Audiard, d'une acuité journalistique démontrée, prête cette réplique à Jean Gabin, dans le rôle du Dabe tendant à prôner la bonne parole : « Entre truands, les bénéfices, ça se partage, la réclusion ça s'additionne. » Pourtant, au fil des siècles, cette voyoucratie n'eut de cesse de s'entredéchirer jusqu'à créer l'actualité autour de ses règlements de comptes, plus mortels à l'intérieur qu'à l'extérieur lors de ces passages à l'acte.

Tapis ou à la tête de réseaux solidaires, pourvus des meilleurs avocats ou de tocards à leur botte qu'ils influencent, les truands ne sont jamais en mal de réduire au silence d'éventuels témoins gênants, vifs à débourser pour s'en attacher de complaisants, acteurs d'une corruption généralisée dans le cadre de leurs activités dissimulées.

À l'antienne de « Rien ne m'est sûr que la chose incertaine », François Villon avait pris ses risques. Poète génial, et c'est ce qui prévaut chez lui, il fut cependant voleur, vraisemblablement assassin, acoquiné à la Coquille, Coquillard lui-même, la mafia du XVe siècle. Condamné à la pendaison autour de ses trente ans, il aura su se volatiliser jusqu'à la fin de ses jours pour échapper à son sort funeste. Original dans sa menée, il préfigurait Lacenaire, au XIXe siècle, qui bâtit sa réputation noire sur le boulevard du Crime, poète à ses heures, auteur d'un texte à succès, *Les Prisons et le régime pénitentiaire*. Voleur multirécidiviste, assassin au verbe haut – « Je tue un homme comme je bois un verre de vin » –, il fut guillotiné le 8 janvier 1836 tandis qu'à cette échéance, il aurait déclaré : « J'arrive à la mort par une mauvaise route, j'y monte par un escalier. »

Forts en thème, les grands truands le sont à peu près tous, c'est même l'une des clés de leur domination. Un exercice à l'échelle d'une ville dans lequel Carbone et Spirito excellaient, figures centrales du milieu marseillais entre 1930 et 1940. Mouillés dans l'assassinat d'Albert Prince, un magistrat, en février 1934, ils furent arrêtés. Le 30 mars 1934, *Le Matin* titrait : « Les deux témoins parisiens et le témoin marseillais interrogés sans désemparer durant un jour et une nuit par la Sûreté ont été inculpés d'assassinat, de vol et arrêtés : ce sont L'Herbon de Lussats, Paul Carbone et François Spirito. Mais, jusque-là, aucune charge n'a été relevée contre ces aventuriers qui affirment leur innocence. » Et bien que *Le Populaire*, organe de la SFIO, clamât à la une le 2 avril : « Les arrestations du "baron" de Lussats, de Carbone et de Spirito ont jeté le désarroi dans le milieu », ils seront blanchis. L'auteur de ce coup de filet n'était autre que le commissaire Bonny, le futur zélé patron de la Carlingue, la Gestapo française, associé au truand Lafont – l'un et l'autre fusillés après-guerre. Sur le même balancier, Carbone et Spirito se rangèrent du côté de l'occupant et de la Gestapo. Carbone mourut dans un sabotage de train initié par la Résistance, le 16 décembre 1943, tandis que Spirito, réfugié en Espagne puis aux États-Unis, et y ayant instauré la French Connection, rendit l'âme à Toulon en 1967. Rien n'intéresse moins les truands que de se situer du côté du pouvoir, de quelque nature qu'il soit.

Guerini & Co, la mafia marseillaise

Enraciné sur Marseille, Mémé Guérini, lui, s'était distingué pour faits de Résistance. Ses deux illustres prédécesseurs hors jeu, il avait pris la suite associé à son frère François : la fratrie Guérini était spécialisée dans la prostitution, tandis que leurs liens avec la maire de Marseille d'alors, Gaston Defferre, n'étaient ignorés de personne. Corses d'origine, ils personnalisaient la mafia. Pendant plus de vingt-cinq ans, à la tête de négoces juteux, purement criminels, ils firent régner l'omerta, couverts en haut lieu – de même qu'il n'aurait pas été étonnant qu'ils distillent par segments quelques informations à la police (dont le meilleur allié, dans la traque de ses semblables, a toujours été le truand). Intouchables, respectés, célébrés en parrains, il s'en sera fallu d'une bavure pour que l'un et l'autre échouent en prison, en 1967. François y décéda, Mémé en sortit pour cause de cancer en 1978, avant de mourir près des siens, à Montpellier, en 1982. Parole de légende arrangée ou réalité, à son dernier souffle, il aurait lâché : « Je n'irai plus à Marseille ! » Ce qui advint.

Bien d'autres de cette espèce défrayèrent la chronique durant la même période, de l'après-guerre aux années quatre-vingt : Émile Buisson, dit Mimile ou Fatalitas ; Pierre Carot, dit Pierrot le Fou n° 2 ; François Marcantoni, dit Monsieur François ; Gaetano Zampa, dit Tany Zampa, l'empereur de la nuit, trafiquant de drogues ; Jacky Imbert, dit Jacky le Mat ; Francis Vanverberghe, dit Francis le Belge ; Raymond Mihière, dit le Chinois, etc., tous de près ou de loin reliés au milieu marseillais. Beaucoup se sont tus, couchés d'une balle, d'autres survécurent, survivent, bavards sur le tard, n'ayant rien abdiqué de leur ligne dure, leur vocation. Tel Michel Ardouin, surnommé Porte-Avions par Mesrine, un braqueur d'envergure : « On est un homme du milieu par état d'esprit. Moi, jusqu'à ma mort, j'aurai cet état d'esprit. » Le sacerdoce des enfants de la balle, en quelque sorte.

L'affaire Dominici – 1952

Le clan et le territoire

Dans la nuit du 4 au 5 août 1952, sur la commune de Lurs, désormais dans les Alpes-de-Haute-Provence, non loin du domaine de La Grand'Terre, propriété de la famille Dominici, trois Anglais, sir Jack Drummond, son épouse et leur fille Elizabeth, âgée de dix ans, sont assassinés. Rapidement, les soupçons se portent sur le patriarche, Gaston Dominici, soixante-cinq ans à l'époque des faits. S'il fut inculpé puis écroué, sa culpabilité ne fut jamais tout à fait prouvée.

Ce triple meurtre d'une famille fut perpétré à bord d'un break, en bordure de la RN 96, près de la borne kilométrique 32, à proximité de l'exploitation des Dominici. Les investigations se concentrèrent vite sur cette famille paysanne resserrée sur elle-même – un clan. Les parents fermés, s'exprimant mal ou en peu de mots, les deux fils bourrus, des femmes secrètes, leurs manières d'un autre siècle fascinaient. Le décor aussi troublait, pittoresque, étrange. Quant aux conditions du crime, elles étaient si insensées qu'elles sidéraient. Et pour quel mobile ? Dès l'entame de ce qui se révélera être un imbroglio infernal, la presse s'empara de l'opportunité d'une énigme racoleuse. Un faux journal d'Elizabeth Drummond était ainsi, intentionnellement ou non, publié dans *Le Figaro* dès le 9 août. *L'Humanité*, quant à elle, diffusait une photo de Jack Drummond en conversation avec un soldat allemand

pendant la guerre, accréditant ainsi la thèse d'une intervention des services secrets (mais lesquels ?). Le profil de Jack Drummond, scientifique de haut niveau, biochimiste, prêtait à la fiction.
Une année émaillée de déclarations tordues du clan, des vérifications difficiles, et parfois antagoniques… De suppositions en pistes minces mais suffisantes aux yeux de la police, le patriarche fut impliqué.
Dans son numéro du 14-15 novembre 1953, *Le Figaro* titrait : « Trois lourds aveux de Gustave Dominici – Il a entendu les cris d'effroi des victimes – Il est allé plusieurs fois sur les lieux du crime – C'est lui qui retourne le cadavre de lady Ann Drummond – Mais les enquêteurs ont-ils les armes qui leur permettraient de découvrir et de confondre enfin le meurtrier ? » Le 16, dans l'ensemble de la presse, et dans *Le Figaro* en particulier, le mystère était déblayé : « Gaston Dominici, après avoir nié farouchement, avoue être le seul assassin de la famille Drummond. À en croire *L'Yonne républicaine*, les deux fils seraient à l'origine de ce dénouement : « Les accusations de Gustave et Clovis Dominici contre leur père ». *France-Soir* corroborait : « Gustave et Clovis ont avoué : "Notre père a tué successivement sir Jack Drummond, sa femme et Elizabeth." » Cependant, selon *Le Monde*, le 15, rien n'était acquis : « Malgré les accusations de ses deux fils, Gaston Dominici nie farouchement avoir assassiné la famille Drummond. » Ces rebondissements de 1953 surgissaient un an après que l'affaire eut été lancée. Déjà, le patriarche avait été incarcéré, confondu sur la base d'éléments convergents dans

une enquête compliquée, *a priori* sans issue, à l'intérieur d'un clan soudé – jusqu'au jour où les deux fils s'étaient épanchés. Une reconstitution des faits le 12 novembre le pointait nettement comme coupable. Cette fois, sans ambiguïté, Gaston Dominici endossait le triple crime. Deux ans après celui-ci, le 28 novembre, il était condamné à mort. S'étant pourvu en cassation, il semblait malgré tout ne pas reconnaître le jugement – et vouloir sauver sa tête. Le 18 décembre 1954, il se rétractait. Dans ce feuilleton noir qui ne s'essoufflait pas, un tel épisode relançait l'intrigue. Le 8 mars 1955, une confrontation familiale établie avec l'épouse, Yvette, et un neveu, Roger Perrin, ne faisait qu'enliser le débat. En juillet, l'enquête fut rouverte, en vain. Le 13 novembre 1956, en l'absence de nouveaux éléments tangibles, une ordonnance de non-lieu sur de prétendues révélations fut prononcée.

Derrière les barreaux, Gaston Dominici, d'abord condamné à mort, vit sa peine commuée en perpétuité en 1957, puis fut gracié en 1961.

En 1955, Jean Giono consacrait un ouvrage à cette affaire, *Notes sur l'affaire Dominici* (Gallimard). En prise directe, il écrit : « Je suis bourrelé de scrupules et plein de doutes. Si je fais le compte, il y a autant de preuves formelles qui démontrent la culpabilité de l'accusé que de preuves formelles qui démontrent son innocence. C'est un procès de mots ; il n'y a aucune preuve matérielle, dans un sens ou dans l'autre ; il n'y a que des mots. »

Des mots qui ne contribuèrent pas à l'émergence d'une vérité.

Le crime politique
Les affaires Stavisky et Boulin

Le crime politique se démarque du crime ordinaire par son aspect idéologique. De l'Antiquité à nos jours à travers le monde, il vise aussi bien le tyran que le gêneur sur l'échiquier d'un pouvoir disposé en quelques circonstances à ne pas être entravé ou terni. De loin, il est celui qui renferme le plus de mystères. Protégé par des officines dédiées sur fond de désinformation orchestrée, ce délit qui s'inscrit dans l'Histoire comme un moyen récurrent d'opérer le vide réveille par épisodes l'opinion flouée, attachée à une vérité qui lui est due. Or, par vice ou par stratégie, les États excellent à répandre le silence autour de leurs forfaits, le mobile tu.

1934 – Alexandre Stavisky, le beau Sacha, met l'état dans tous ses états

Il était beau, il parlait haut, il sentait bon l'argent chaud, ce mercenaire. À moins qu'il ne fît que travailler pour lui, épaulé par de solides relations dans les rouages et au sommet de l'appareil politique. Ou qu'il eût trop parlé déjà, où qu'il dût se taire à tout prix, sa mort survint à point nommé pour prime d'une omerta garantie. Quoi qu'il en soit, une réalité est établie : Stavisky a été suicidé.

Début janvier 1934, *Le Petit Journal* annonçait : « Un demi-milliard – tel est le chiffre qu'atteindrait l'étonnante escroquerie du Crédit municipal de Bayonne – Stavisky est toujours en fuite. »

Le 8, *Le Canard enchaîné* ironisait : « Stavisky se suicide d'un coup de revolver qui lui a été tiré à bout portant [...] Il s'est suicidé d'une balle tirée à trois mètres, voilà ce que c'est d'avoir le bras long. » Le 9, dans *Le Matin*, on pouvait lire en une : « L'escroc Stavisky s'est suicidé à Chamonix

– M. Dalimier, ministre des Colonies, est démissionnaire. » Le lendemain, le mercredi 10, *L'Intransigeant* précisait en page d'appel : « La formidable escroquerie de Bayonne – Stavisky est mort à trois heures du matin. À Chamonix, dans la villa "Vieux Logis" où s'est déroulée la scène tragique. » Le 21, *Police Magazine* titrait : « Le "suicide" de Stavisky ». Atténué par des guillemets, le mot suicide se diluait dans un mystère nébuleux derrière le paravent d'une escroquerie complexe aux racines politiques avérées. Retour sur une chronologie qui, en 1934, vit rebondir l'affaire de la banquière Marthe Hanau, d'une similaire tonalité politico-financière et qui aboutit aussi à son suicide – authentique, celui-ci –, le 14 juillet 1935.

Au départ, un mois avant les faits, Gustave Tissier, le caissier principal du Crédit municipal de Bayonne, est arrêté pour avoir mis en circulation de faux bons au porteur, pour un total de 261 millions de francs. Recourant à la méthode dite de la pyramide de Ponzi, un système frauduleux de cavalerie, il bénéficie de complices. Rapidement, ses aveux conduisent jusqu'à Alexandre Stavisky, le beau Sacha tel qu'on le surnomme. Né à Slobodka, non loin de Kiev, le 20 novembre 1886, arrivé en France en 1898, naturalisé en 1910, sa scolarité accomplie au lycée Condorcet, il se lance d'emblée dans quelques trafics. Planqué sous diverses identités, élégant parleur, imaginatif, doté d'excellentes manières, il exerce en jouant de ses qualités trompeuses. À partir de 1926, il connaît la prison, inculpé à plusieurs reprises au motif répété d'escroquerie – sa vocation. En liberté, il se spécialise dans les détournements de fonds municipaux.

Par un montage financier bien huilé, il parvient à subtiliser 44 millions de francs aux dépens de la Caisse de crédit d'Orléans, son directeur impliqué à ses côtés. À présent, le voilà à Bayonne, d'où partira l'affaire : avec la connivence du directeur de la caisse, Dominique-Joseph Garat, par ailleurs député-maire radical-socialiste, il intrigue pour corrompre au sommet de l'État le ministre du Commerce et de l'Industrie, Durand, et celui du Travail et des Colonies, Dalimier. D'ores et déjà, cette combine s'avère juteuse grâce, entre autres, au soutien par la bande d'un journaliste véreux, un dénommé Dubarry. Grâce à ses appuis, dont celui de Stavisky, ce dernier réussit à se faire élire député en 1932. De concert avec Albert Dalimier, en 1933, Stavisky inonde les compagnies d'assurances de bons du crédit de Bayonne. Piégé à sa méthode, il envisage alors d'étendre sa fraude jusqu'au gouvernement hongrois, pillé par le traité de Trianon – une opération par laquelle il lui serait possible de remettre à flot le Crédit de Bayonne. L'opération avorte. Régulièrement, Stavisky jouissait de coups de pouce pour le blanchir : d'Anatole de Monzie, avocat d'affaires, plusieurs fois ministre ; du procureur général Georges Pressard, gendre du président du Conseil Camille Chautemps ; du député Gaston Bonnaure, radical-socialiste, qui appuyait ses manigances, etc. Bien entouré, il se sentait intouchable. En 1927, connu sous le diminutif respectueux de Monsieur Alexandre, protégé par ses relations influentes de la finance, un pied dans la politique, il avait échappé à son procès. Puis advint le prétendu suicide du 8 janvier 1934. L'enquête alors diligentée fit ressortir toutes les protections dont il avait joui. Comment dix-huit rapports rédigés conjointement par la Sûreté et la Police judiciaire avaient pu ne pas donner lieu à des recherches plus approfondies ? Comment et pourquoi, *in fine*, la chancellerie n'avait pas relié ses manigances dûment répertoriées ? Les questions abondaient. Et au final, bien sûr, celle-ci : à qui le crime avait-il profité ? Encore qu'à balayer les noms de quelques éléments démis de leurs fonctions, on dispose dorénavant de vraisemblables et solides destinations.

Qualifié de la « canaille la plus sympathique de Paris », Stavisky mort embarrassait davantage que de son vivant. Il n'en fallut pas plus pour que, sous l'impulsion de la droite, et de l'extrême droite, avec des relents d'antisémitisme – Stavisky était juif russe –, à la Chambre, Philippe Henriot, un nationaliste, futur secrétaire d'État à la Propagande sous Vichy, assassiné le 28 juin 1944, vociférât, insultât, s'acharnant à demander la démission du gouvernement – celui de Chautemps –, la chute d'Édouard Daladier, ces deux stigmatisés par rebond. Au bal des truands en col blanc, les deux parties s'invitaient sur les parquets cirés des palais d'État.

Le 6 février 1934, de violentes émeutes enflammèrent Paris, place de la Concorde, laissant sur le pavé une trentaine de morts et faisant plus de 20 000 blessés. En escroquant pour son compte, et distribuant quelques prébendes, Alexandre Stavisky avait bien failli tuer la IIIe République, gangrenée à cette époque par une corruption latente qui contribua à sa détestation par une partie de la droite dure, décidée à l'abattre.

Stavisky, l'autre nom de la corruption en politique.

1979 – Robert Boulin, l'étrange suicide d'un « vieux » romain

Réputé incorruptible, intègre, Robert Boulin, dont le douteux décès atteignit la probité du régime de Giscard d'Estaing, fut retrouvé gisant dans une flaque d'eau près d'un étang de la forêt de Rambouillet, le 30 octobre 1979. Une autopsie accommodée, une enquête bâclée, des pistes embrouillées, une évidente volonté de classer au plus vite cet « accident de la vie » : le mystère demeure.

Député-maire de Libourne, trois fois secrétaire d'État, sept fois ministre, ayant débuté dans la haute fonction politique sous de Gaulle en 1961, cet avocat bordelais s'était illustré dans la Résistance, adhérant au parti gaulliste, à l'UNR, en 1958. Franc-maçon gradé, d'une parole claire, sa morale reconnue ne laissait en rien envisager une fin précipitée, entachée d'opprobre, au cœur d'une affaire des plus opaques – opacité entretenue par ses ennemis politiques à l'intérieur de son propre camp.

Sans que rien du drame à venir n'ait encore transpiré, les premiers jours suivant la découverte de son cadavre, *Le Parisien* titrait : « Un fait divers qui devient une affaire d'État – Robert Boulin suicidé. » Le 31 octobre, *L'Aurore* confirmait : « La thèse la plus plausible, c'est le désespoir engendré par une campagne de presse qui a poussé le ministre à mettre fin à ses jours. » Deux camps nets s'esquissaient, l'un attaché à l'hypothèse du suicide, l'autre penchant vers une solution moins tranchée, lourde de sous-entendus.

Toujours le 31 octobre, *Libération* lançait : « La chasse aux canards est ouverte. » Puis il développait : « Dans un pays où les scandales sont régulièrement étouffés et où les ministres ne démissionnent jamais, le suicide de Robert Boulin suscite une inflation d'hommages hypocrites du vice à la vertu. Et la presse, une fois de plus, est le bouc émissaire d'un système qui cultive maniaquement la pratique du secret. » Le jeudi 1er novembre, le même quotidien révélait : « Avant de se suicider, il avait envoyé plusieurs lettres – Robert Boulin accuse : le Nœud de vipères – la presse n'aura pas pu servir longtemps de bouc émissaire. En dénonçant la machine politique dont il s'estime victime, le ministre qui attaquait vivement Peyrefitte et certains de ses "propres amis" met en lumière l'ampleur des luttes de clans dans la majorité. Henri Tournet, le promoteur mis en cause, a été l'associé de Jacques Foccart. »

Le 2 novembre, *La Nouvelle République du Centre-Ouest* brossait le profil de quelques-uns des protagonistes du drame en cours : « Robert Boulin – Trois accusations

posthumes – un escroc mythomane, un juge haineux, un garde des Sceaux carriériste. » Les langues se déliaient, les plumes couraient, la presse imprimait…
De jour en jour, l'hypothèse du suicide s'opposait de plus en plus à celle d'une mort brutale qui méritait des investigations fouillées pour en dégager le processus. Dans le contexte politique où baignait cette affaire, les choses ne se prêtaient pas à beaucoup de clarté immédiate, ni dans le temps d'ailleurs. Toutefois, pour une mise en place valide, quelques faits patents émergèrent.
Alors ministre du Travail et de la Participation dans le troisième gouvernement Raymond Barre, sous Giscard d'Estaing, Robert Boulin avait acquis un terrain dans le Var, à Ramatuelle, où il avait fait construire une résidence secondaire. Pour une magouille initiale émanant d'Henri Tournet, le promoteur, Robert Boulin fut bientôt rattrapé par cette transaction irrégulière dont il se défendait. Le 17 octobre, tandis qu'il n'était encore question que d'immobilier, *Minute* raillait : « Robert Boulin a fait une belle boulette. » Dès lors, selon ses proches et quelques-uns de ses collaborateurs, il avait donné des signes d'abattement, atteint de plein fouet par une rumeur envahissante qui lui rongeait la vie.
Sa mort étant survenue moins de deux semaines après la pique de *Minute*, *Le Canard enchaîné*, d'usage prompt à remonter au plus près des sources, déniait la thèse de l'assassinat, rivé à la version officielle martelée, celle d'un suicide mûri à la suite d'une révélation embarrassante : « Encore de l'eau de Boulin […] Boulin est gavé de

Valium. Même sans se noyer, il serait sans doute mort [...] Le jour de sa mort, en quittant le ministère du Travail, Boulin a lancé un étrange “adieu, mon bureau !” » Face à un tel mur de contradictions, d'avis antagoniques, la vérité, au moins sur les modalités de la mort, tardait. D'autant que, par recoupements, il s'avéra que l'autopsie avait été truquée, sabotée, « arrangée ». À partir de juin 1983, elle fut contestée par la famille lorsque celle-ci découvrit sur des documents le visage traumatisé du défunt, déposant à la suite une plainte contre X pour homicide volontaire. En 1991, cette requête fut rejetée, rejet confirmé en 1992. Et pourtant, le scénario d'une suppression commanditée s'éclairait sans qu'aucun à ce jour, encore, n'ait été formellement admis.

D'une exceptionnelle longévité en politique, Robert Boulin incarnait l'un de ces serviteurs inamovibles au sommet de l'État, de ces grands commis détenteurs de secrets conséquents aux ramifications complexes tant à l'intérieur de la machine étatique qu'au sein des appareils majoritaires : en l'occurrence le sien, le RPR de l'époque. Comme dans les meilleurs polars, après sa fin obscure, des manœuvres dilatoires furent opérées auprès de sa famille, pour acheter son silence. Celle-ci, notamment, prêtée à Achille Peretti, un gaulliste de choc, membre du Conseil constitutionnel en 1979, et encarté au RPR : « Refaites votre vie. Vous voulez combien ? Un million ? Deux millions ? Trois millions ? Vous ne voudriez pas que votre fils, Bertrand, finisse comme Robert ? » Refus de la veuve du ministre, qui lâche : « Je sais tout ! » Peretti explose : « Alors, faites sauter la République ! » Où l'on avait vu se profiler l'ombre du SAC, le Service d'action civique, une organisation à tout le moins occulte, de trouble renommée, dont Charles Pasqua fut le vice-président de 1967 à 1969, Jacques Foccart en étant vraisemblablement le grand coordonnateur. À noter que le directeur des Renseignements généraux des Yvelines, aux premières loges lors de la découverte du cadavre de Robert Boulin, en était alors un proche sinon un affidé – dans ces conditions, il n'y avait pas beaucoup à imaginer pour se ranger à la thèse d'une mise en scène réglée du mode opératoire du décès.

En complément des pistes évoquées aux fondements d'un motif cohérent se dessina celle de la France-Afrique dont Jacques Foccart, toujours lui, tirait les rênes, là-bas, sur ce continent où la France gardait des ressources minières, énergétiques : une filière résolument combustible à la clé d'arrangements spécieux entre les tenants du pouvoir sur place téléguidés depuis Paris, l'Élysée. Passé aux ministères du Budget et des Finances dans les années soixante et soixante-dix, Robert Boulin était averti de ces tractations. Pressenti, par surcroît, pour devenir Premier ministre… Qui donc aurait eu intérêt à le faire taire ? Cette complication, survenue trois ans après le meurtre de Jean de Broglie, député giscardien, le 24 novembre 1976, contraignit le président Giscard d'Estaing autant que Raymond Barre, le Premier ministre, à prétendre œuvrer énergiquement pour que la lumière fût faite – dans ses *Mémoires*, le second continua d'accréditer la thèse du suicide. Une autre piste, apparue plus tard, aurait débouché sur le financement caché du parti giscardien aux extensions louches. Comment se déterminer dans un tel imbroglio où s'entremêlaient les intérêts supérieurs de l'État et la carrière d'éminents personnages au sein du pouvoir ?

Désormais, la thèse du meurtre politique dépasse de loin celle du suicide, encore que, en dépit de multi-réouvertures du dossier sous la pression de la famille, aucune preuve formelle ne soit venue l'étayer : le dossier originel étant inaccessible – envolé –, il y a de fortes chances que cette affaire s'enlise à jamais. La sphère politique, qui n'aura jamais brillé par son désir de faire la lumière sur de telles sombres affaires, ne s'en trouve pas éclaircie.

Domenica Walter
Une énigme dans la bourgeoisie

La mort aura singulièrement rôdé autour de Juliette Lacaze, surnommée Domenica, depuis l'intrigant décès de Paul Guillaume, son premier mari, en 1934, et celui, accidentel, du second, Jean Walter, en 1957. Souvent visée, jamais atteinte, cette reine de l'élégance parisienne tissa ses relations jusqu'au sommet de l'État, dans les parages d'André Malraux, précédée d'une réputation pour le moins trouble.

C'est l'histoire mouvementée d'une provinciale, une aventurière qui, montée à Paris, vestiaire au Viking, à Montparnasse, dans les Années folles, se retrouva fortunée à la suite de deux mariages miraculeux avec des hommes de génie dans leurs domaines : Paul Guillaume, marchand et collectionneur émérite de tableaux d'art moderne, et Jean Walter, architecte de prestige à qui l'on doit, notamment, l'hôpital Beaujon de Clichy (1935). Issue d'un milieu modeste de Millau, elle s'éleva dans la grande bourgeoisie parisienne éclairée dont elle était devenue l'une des figures, multipliant les relations mondaines, artistiques, politiques, fascinées par son charme froid et sa hauteur. André Derain la peignit en *Dame au chapeau*, une commande de Paul Guillaume vers 1928-1929. Lorsque ce dernier succomba aux suites d'une septicémie provoquée par une péritonite, une rumeur dénonciatrice

courut – elle aurait tardé à appeler les secours. Maîtresse depuis 1932 de Jean Walter, beaucoup plus riche que Paul Guillaume – qui avait toujours fermé les yeux sur les écarts de son épouse –, elle emménage avec lui.
Ils se sont rencontrés lors d'une croisière sur le *Normandie*.
Ensemble, tandis qu'elle s'adonne au commerce juteux de tableaux, ils vont faire évoluer le fonds Paul-Guillaume : si Jean Walter est plus apte à collectionner les millions que les tableaux, Domenica est habile aux deux disciplines.
Petit retour sur une modalité qui n'est pas anodine. Paul Guillaume ayant émis l'idée de confier sa collection sous forme d'un legs au musée d'Art moderne du Luxembourg, Domenica, ainsi qu'il l'avait surnommée, se prétendit enceinte : la venue d'un enfant annihilait alors le legs, du moins en partie. Disparue de la vie parisienne le temps de la gestation, elle réapparut avec un fils, Jean-Pierre. Il s'avérera qu'elle l'avait acheté à une trafiqueuse d'enfants sévissant à Paris, rue Pasquier. Si Jean-Pierre fut recueilli en 1935, elle ne l'adopta qu'en 1941.
Insatiable séductrice, elle prit pour amant, en 1950, Maurice Lacour, un médecin homéopathe, auteur d'une thèse sur l'empoisonnement par l'eau. Le 10 juin 1957, en Seine-et-Marne, à la sortie d'une auberge où il déjeune le dimanche, Jean Walter est renversé par une voiture. Son épouse, la belle Domenica, comme la première fois avec Guillaume, tarde à prévenir les secours. Il décède. Cette fois, elle double sa fortune, héritière du patrimoine de son défunt époux et d'un gisement minier au Maroc.

Elle fait alors nommer son frère, Jean Lacaze, à la présidence de la société d'exploitation.

Deux ou trois coups de théâtre vont secouer ces énigmes enchevêtrées. Jean-Pierre, dit Polo, apprend vers ses douze ans qu'il n'est pas le fils de Domenica et de Paul Guillaume ; un fils dont elle ne s'occupe pas, entouré de la seule affection des domestiques de Jean Walter. Appelé en Algérie, dans les parachutistes, Polo se trouve étrangement filé par un autre. Effectivement, il fait l'objet d'un contrat passé sur sa tête au motif d'une histoire alambiquée de services secrets. Pas bien sûr de l'objectif qu'on lui a désigné, le commandant Rayon, l'opérateur, vend la mèche à l'intéressé. Qui dépose plainte.

Bientôt, des soupçons s'accumulent concernant le médecin Maurice Lacour, commanditaire présumé de l'exécution – Polo mort, Domenica serait restée seule détentrice de l'héritage, libre d'en disposer à sa guise. Faute de preuves, en dépit de fortes convergences qui étayent les soupçons d'origine, Maurice Lacour est absout au terme d'un procès écourté.

Quelques années plus tard, Polo/Jean-Pierre, alors pigiste-photographe pour *Paris Match*, rencontre une jeune coiffeuse, Maïté ; en réalité, c'est une call-girl. Bientôt, elle va le dénoncer comme étant souteneur – ainsi confondu, il perdrait tout droit sur l'héritage. Était-ce là la seconde tentative de lui nuire émanant de sa « mère » âpre au gain ? Une hypothèse pas si gratuite, en fait. Surtout quand on découvre que le frère de Domenica,

Jean Lacaze, le gestionnaire de la société minière au Maroc, manœuvre dans l'ombre – Maïté a parlé.
La presse s'en donne à cœur joie. À cette occasion, elle daigne enfin s'attarder sur la carrière de Domenica. Qui se cache, n'apparaissant désormais que le visage barré d'épaisses lunettes noires, conforme à sa légende pressentie de veuve noire. Dans *Détective* qui annonce à la une « L'affaire Lacaze vue par Maïté », Domenica, Mme Walter, plaide pour une solution accélérée : « Je désire que toute la lumière soit faite sur cette affaire. » À la même période, *Radar* affiche en couverture : « L'incroyable affaire Lacaze ». Et incroyable, elle l'est. Concomitante de l'affaire des Ballets roses, elle rivalise avec elle dans l'opinion. Le suspect Lacaze multiplie les déclarations pour s'innocenter. (Le magazine télévisé *Cinq colonnes à la une* pointait l'affaire Lacaze-Lacour-Guillaume.)
En février 1959, dans *Détective*, alors que Jean-Pierre plaide pour que la vérité éclate, Lacaze, drapé dans sa dignité, clame sson innocence. Parole contre parole – celle de Maïté contre la sienne –, Lacaze résiste. Quand il sort de prison, l'affaire aux ramifications souterraines s'étouffe.
Ultime rebondissement en 1963 : au terme de quatre ans de négociations, Domenica Walter, qui déjeunait souvent avec André Malraux, alors ministre de la Culture, destine à l'État, *via* deux cessions de contrats, cent quarante-six tableaux : vingt-quatre Renoir, douze Picasso, quinze Cézanne, dix Matisse, vingt-neuf Derain, vingt-deux Soutine. Pour quelle somme exacte ? On ne le sut jamais.

Domenica Walter bénéficia-t-elle de protections lors de l'affaire Lacaze qui la frôlait de près, dont les retombées filandreuses auraient pu l'impliquer rétrospectivement dans deux décès abrupts et pour une ou deux tentatives avortées de nuisance envers son fils adoptif ? Là, encore, le mystère perdure. Sur le mode criminel virtuel, au moins, Domenica Walter se sera illustrée par une redoutable perfidie, en artiste de la coïncidence déjouée.
Ainsi s'acheva la saga de cette veuve noire qui n'eut de cesse d'être blanchie.

Le sensationnalisme au pouvoir
Scoops, scandales et ragots

Au milieu des années cinquante, a fortiori *au début des années soixante, le traitement du fait divers oblique vers le sensationnalisme, assez systématiquement scandaleux, aux échos mêlés de sexe et de meurtre, une combinaison accrocheuse tandis que les tabous vacillent. Société du spectacle oblige.*

Dorénavant, le lecteur en veut pour sa lecture – les médias télévisés, réduits à une ou à trois chaînes, sont davantage factuels, car épiés en haut lieu, au moins jusqu'en 1968 ; c'est donc la presse papier qui opère en diffuseur du désir orchestré, désir de s'accrocher au réel au prisme d'une fiction haletante, croustillante déjà par l'intitulé. Dans cet exercice, la presse spécialisée se transcende, adroite à saisir en une son lecteur, à le captiver dans ses colonnes ; celui-ci, en garde face à la dangerosité d'un monde moderne, se sent réconforté par une situation, une proposition extraordinaire, improbable, à laquelle, *in fine*, il ne risque guère d'être confronté dans les faits. Par cet aller et retour entre deux pôles antagoniques, son confort s'en trouve rehaussé.

Au spectacle du quotidien, des méfaits, des conjonctures violentes, des catastrophes magnifiées, scrutées de près, amplifiées, ce même lecteur compatissant trouve matière à étancher sa soif de frissons, premier déclencheur du sensationnalisme que la presse lui sert à point nommé. Ce sont peut-être là les raisons du succès de celle-ci, qui satisfait ses attentes, le souci de vérité évacué, subsidiaire. Il ne suffit plus au lectorat moyen de se fier à des faits, il daigne entrer dans les coulisses, être guidé sur les lieux mêmes où naît le mystère, où le mythe se fabrique, où l'horreur, s'agissant du crime, s'enracine. Aux mots s'accolent les clichés, flagrants le plus souvent ou légendés de telle façon qu'à leur éventuelle banalité répond la crudité des descriptions. Le poids des maux, le choc des stylos, l'impact des photos, la recette culmine. Et peu importe au final que l'on stigmatise cette variété de parutions comme étant dédiées au scandale, aux ragots, à l'infamie banalisée, à l'aberration commerciale, elles se repaissent de cette petite pornographie démocratique qui leur tient d'une stratégie savamment réglée. Dans le prêt-à-frémir, à-s'offusquer, à-vibrer, quelques titres se détachent : *Détective* nouvelle formule, *Qui ? Police* et, côté indiscrétions, sur fond de crimes, parfois, *Ici Paris* ou *France Dimanche*. Au challenge des titres de une, *Qui ? Police* l'emporte de loin. En voici quelques-uns : « Elle se suicide chaque mois sans le savoir » ; « Deux respectables retraités prostituaient des femmes de notables » ; « Il devient cannibale par peur des femmes » ; « Il lance un serpent dans la chambre de sa femme » ; « Elle découvre que son mari est un travesti » ; « Elle tombe amoureuse de son meurtrier » [preuve qu'elle est encore vivante]…

Dans cette suite où Alphonse Allais assisté de Pierre Desproges s'y serait retrouvé, émergent parfois des titres d'une dimension plus « polardesque ». À l'époque reine du Fleuve noir et de la Série du même ton, quoi de plus normal ? « Le chirurgien exécute son rival en l'opérant » ; « Le sauveteur était l'assassin » ; « La speakerine se prostituait la nuit dans une maison close » ; « Jouée par ses amants au poker » ; « La femme de l'industriel paye un tueur pour abattre son mari »...

Drames de mœurs, révélations rocambolesques plus ou moins assaisonnées d'érotisme bon marché, ces comptes-rendus fascinent un lectorat populaire plus en quête d'émotions cinématographiques que de vérités journalistiques. Souvent assignées en justice, ces parutions s'en tirent à peu près, à chaque cession absoutes grâce à la loi relative à la liberté de la presse.

Détective, le grand journal des origines, la bible de la modernité, a délaissé depuis longtemps le ton littéraire qui le caractérisait pour en adopter un autre, amoindri, explosif, dans lequel le contenu enjolivé l'emporte sur le mode narratif. Pourtant, au premier abord, il conserve cette ligne près de l'actualité teintée d'une touche de suspense qui affriande l'œil sur les linéaires des kiosques de libraires : « Le lieutenant de Mesrine perdu par sa maîtresse » (janvier 1980).

Le 12 octobre 1979, dans son n° 1679, *Détective* titrait : « Le médecin forçait sa femme à se donner à ses clients. » À l'intérieur, l'article détaille la procédure, avec force « appâts » dans les inters – qui vaudraient pour la commande d'un film noir à un scénariste *via* des mots clefs : « Folle passion » ; « Comme une chienne » ; « Plaisirs nouveaux » ; « Donnée de force ! » ; « Cauchemar sans issue » ; « Révolte sanglante »… Qui dit mieux pour un cocktail de sadisme et d'amour tordu ? Davantage voués aux potins des vedettes, *France Dimanche* et *Ici Paris* ne firent pas l'économie du fait divers relatif à l'actualité des vedettes.

Les écrivains et le crime

Francis Carco, Pierre Mac Orlan, Maurice Garçon, Georges Simenon : Maigret, le commissaire aux soixante-quinze enquêtes

Pour bien parler du crime, point n'est besoin d'être criminel… même si ce n'est pas exclu. Les écrivains fascinés par les voyous, leurs méfaits, leur astuce sont légion. Ceux qui ont su retranscrire leur complexité, leur charme, mais aussi leur cruauté, leur face obscure et torturée, ou encore ce qu'il est convenu d'appeler la banalité du mal, sont plus rares.

Carco, Mac Orlan, Garçon

Les trois se connaissaient de longue date. Ils s'étaient rencontrés à Montmartre, au temps de la bohème nuiteuse, vers 1910-1920, dans l'ambiance interlope des cabarets de chansonniers, au Lapin agile, où affluaient les bourgeois au coude à coude avec les escarpes, les prostituées et les marginaux de tout poil. Carco et Mac Orlan se firent une spécialité des romans de genre, de la pègre, des marges, du Paris des mauvais garçons qui règlent à l'arme blanche ou à coups de feu leurs différends. Mauvais garçon, Maurice – Garçon – ne l'était pas. De l'autre côté du prétoire, il était avocat mais aussi écrivain, auteur de livres remarqués sur de multiples sujets, la sorcellerie, l'Histoire, aux accents criminels parfois – *La Tumultueuse Existence de Maubreuil, marquis d'Orvault* (1954) –, les faits divers. Il défendit Carco, impliqué dans le procès Camoin, en 1927, centré sur la propriété intellectuelle – Carco avait vendu des tableaux que le peintre avait lacérés, dont il avait racheté les moreceaux et qu'il avait reconstitués. Tout autant versé sur le crime mêlé à la littérature, il défendit Georges Arnaud, l'auteur du *Salaire de la peur*, soupçonné du meurtre de son père en 1941.

Ces trois compères eurent un point commun, celui d'avoir collaboré au magazine *Détective*. Plaidant pour la validité du titre, Maurice Garçon, dans le n° 3, interrogeait : « N'aimerait-on pas connaître le détail des grands procès [...] voir évoquer par l'image fidèle les lieux du drame et les traits des acteurs ? Aucune revue ne remplit aujourd'hui ce programme... » À chacun son rôle, Mac Orlan et Carco lorgnaient vers leur quartier principal de Montmartre, et plus largement vers Paris. À deux plumes, en 1918, ils avaient signé un roman macabre, *Les Mystères de la morgue* ou *Les Fiancés du IVe arrondissement*. Mac Orlan, l'auteur du *Quai des Brumes* en 1927, commit une somme de reportages sur les rues secrètes de la capitale, les nuits de Montmartre, de Marseille – « Le vieux quartier de Marseille a deux visages : celui du jour et celui de la nuit. Ils se complètent l'un et l'autre. » Pour le n° 262, en 1933, il se déplace sur les lieux d'un meurtre commis à Aix-en-Provence. En début d'article, il annonce sa démarche, valide pour l'ensemble de ces interventions dans le domaine du crime : « Coupables ou non coupables, ces personnages mis en lumière par l'affaire Sarret sont d'un caractère tragique exceptionnel. C'est à ce point de vue que je veux retenir leur présence et les mêler à la littérature, sans trop me préoccuper de leur sort sur cette terre. » De lui, dans cette même parution, on pouvait aussi découvrir des nouvelles un tant soit peu vertigineuses : *Ombres de Paris* en 1930. Avec un parfum de « fantastique social », un concept qu'il revendiquait, il s'engageait à révéler l'envers du décor, les mystères troubles d'une réalité dissimulée. Même enraciné à *Détective*, pour des reportages aussi flagrants, il prêtait également sa plume à *L'Intransigeant*, *Paris-Midi*, *Le Petit Journal*.

Ami des peintres montmartrois – Utrillo, Gen Paul, etc. –, des poètes – Max Jacob, Apollinaire –, poète lui-même, de l'école fantaisiste, avec Paul-Jean Toulet, entre autres, Francis Carco avait débuté à la critique artistique de *L'Homme libre* et de *Gil Blas*. Auteur de *Jésus-la-Caille*, le roman d'un proxénète homosexuel qui avait contribué à son succès en 1914 – réédité en 1920 –, il se destinait, lui aussi, naturellement, à l'exploration des bas-fonds et de leurs sortilèges, du milieu. Fasciné, comme il l'écrivait lui-même, par « les rues obscures, des bars, des ports retentissant des appels des sirènes, des navires en partance et des feux dans la nuit », il accomplit de nombreux reportages sur le sujet – ou peu s'en fallait : *Prisons de femmes* (1930), une enquête au long cours, *Au pays de l'amour cloîtré* (1937), etc. Grâce à *L'Homme traqué*, *L'Équipe* ou *Rue Pigalle*, entre autres ouvrages d'une saveur identique, il s'ancra dans la littérature populaire, versant crapuleux, metteur en poésie des zones sombres et de ses applications de la psyché humaine. Manieur de mots, il écrivit des chansons. Grand pourvoyeur de la langue du milieu, l'argot, il commit plusieurs ouvrages de cette teneur, métissant la langue officielle d'une touche débraillée. Ce qui, en soi, ne constituait pas un crime.

Georges Simenon

Génie des lettres, auteur de romans policiers traduits dans d'innombrables langues, de romans de mœurs, le père de Maigret avait aiguisé sa plume, précocement, sous le pseudonyme de Georges Sim – raffolant de ce procédé, il en utilisa dix-sept différents au cours de sa longue carrière dorée. Trois cent quatre-vingts romans au total, une centaine de nouvelles, plus de vingt livres autobiographiques : le crime et, plus largement, les affres de la nature humaine l'auront inspiré. Collaborateur de *Détective* et de *Police Magazine* entre 1929 et 1930, il publia une trentaine de nouvelles. Disciple durant sa jeunesse d'Alexandre Dumas, de Dickens, Balzac, Stendhal, Conrad ou Stevenson, comme ses illustres pairs, il aura bouclé une œuvre fleuve à l'impact planétaire, au point de se situer dans les meilleures ventes internationales, au niveau de la Bible et de Karl Marx. En 1941, André Gide, qui avait opéré un détour par la chronique judiciaire, écrivait à son propos : « Simenon est un romancier de génie et le plus vraiment romancier que nous ayons dans notre littérature d'aujourd'hui. » Pourtant, au début des années trente, son éditeur, Fayard, doutait de sa proposition, lui signifiant : « Vos romans policiers ne sont pas de vrais romans policiers. Ils ne sont pas scientifiques. Ils ne jouent pas la règle du jeu. Il n'y a pas d'amour, tout au moins d'amour comme on le conçoit dans le roman policier. Il n'y a pas de personnages franchement sympathiques ou de personnages franchement antipathiques. Vos romans ne finissent ni bien ni mal. C'est désastreux. Ce ne sont pas des romans policiers. Ce n'est pas scientifique. Il n'y a pas de jeune premier ni d'héroïne. Pas de personnage sympathique, et cela finit mal puisqu'on ne se marie jamais. Vous n'aurez pas mille lecteurs[1]. » Il se sera largement trompé.

Sur la piste de crimes réitérés, dans tous les univers, de province et de Paris, son héros phare, Maigret, lui aura soufflé soixante-quinze enquêtes. Pourtant, il était venu à se défier de ce personnage envahissant à son goût. Dixit Pierre Assouline, son biographe zélé[2] : « Simenon entretenait des rapports complexes avec Maigret. Il disait souvent qu'il écrivait ses enquêtes du commissaire Maigret pour se délasser, entre deux romans "durs", deux romans de la destinée. Il en voulait un peu à Maigret car, pour beaucoup de gens, Simenon, c'était d'abord l'auteur du

1. G. Simenon, *L'Âge du roman*, éditions Complexe, 1988.
2. www.franceinter.fr, Illana Moryoussef, 14 février 2019.

commissaire Maigret. Il trouvait que sa créature avait pris trop de place, au détriment du créateur, c'est-à-dire lui. Il pensait que l'essentiel de son œuvre était ailleurs. »
Ce commissaire était né sous sa plume en 1931. Imposant, large d'épaules – alors qu'il s'appelait Maigret, synonyme de maigre –, plutôt calme, disposant de tout son temps pour mener une enquête, fumeur de pipe assidu, amateur de blanquette de veau, de vin, mari modèle à l'écoute de son épouse influente par la bande, sans aspérités – hormis sa roublardise –, il ne recélait pas grand-chose *a priori* pour se hisser au rang d'une vedette de fiction. Ce fut pourtant ce qui advint. D'abord grâce à la pertinence tranquille de ses enquêtes sur papier, ensuite en chair, devant la caméra, quand il apparut en France sous les traits de Jean Gabin au cinéma, de Jean Richard ou de Bruno Cremer plus tard, à la télévision. Et *idem* aux États-Unis, avec Charles Laughton, en Italie avec Gino Cervi ou Sergio Castellitto, en Angleterre avec Rupert Davies ou Rowan Atkinson. On ne compte plus les adaptations et les acteurs à sa disposition à travers le monde. Cet antihéros aux racines puissamment françaises, habile à décortiquer les contours de la psychologie humaine, se sera révélé d'une efficacité universelle.
De la police française, parisienne, son quartier général situé au 36, quai des Orfèvres, le bon commissaire ne se sera pas économisé en poussant ses pions en province, là où, sous les prétextes les plus divers, son créateur l'envoyait en villégiature. S'étant inspiré de loin du commissaire Guillaume, alors le cador du Quai, ayant

commis quelques erreurs d'un point de vue technique, Simenon s'était vu inviter par le directeur de la police judiciaire à visiter les lieux pour, éventuellement, y cerner mieux les méthodes en cours, les affectations de chacun. Leçon bien apprise, il prêtera vie pendant quarante ans à Maigret au fil d'un succès non démenti – de *Pietr-le-Letton* (1931) à *Maigret et Monsieur Charles* (1972).
D'un minimalisme remarquable, opérant sans cesse à l'os, Simenon ne se distrait jamais de l'intrigue, lente, certes, mais qui, de découverte en découverte, de recoupements en rebondissements, implique le lecteur projeté en compagnie du très perspicace commissaire. Respectant le triptyque un milieu professionnel/un lieu (c'est-à-dire un décor)/un drame (un crime), Simenon ne dérogeait pas à ces fondamentaux. Journaliste, débutant en qualité de reporter à l'age de seize ans à *La Gazette de Liège*, il avait été à bonne école.
En 1937 pour *Paris-Soir*, il s'était attelé à une série de reportages aux côtés de la police à travers la capitale, intitulée *Les Nouveaux Mystères de Paris*, dans la continuité d'Eugène Sue. En une s'étalait ce commentaire : « Comment le crime prend de quartier en quartier, à Paris, un visage différent, et comment avec le même courage, avec des méthodes semblables, il est partout suivi et le plus souvent puni. » L'article entrait dans les détails de la procédure des fonctionnaires : « La nuit, dans une grande pièce que ferme une porte de fer, ils sont quatre, quatre fonctionnaires, d'apparence paisible, qui guettent les mille drames de la ville qui dort. » Là encore, son style

épuré fait merveille, comme son angle d'attaque tranché, exclusivement dédié à l'information au recours de séquences piquées sur le vif, concourant à l'atmosphère brumeuse qui sied au contexte : « Minuit, une heure, un appel du XIVe pour un ivrogne, un Bercy. » Plus loin, il décrit les fonctionnaires en attente au central : « Mes quatre hommes boivent le café qu'ils ont préparé et bourrent de nouvelles pipes. » En répliques, quatre Maigret, à coup sûr ! Enfin, pour un bilan et un constat météorologique, il conclut : « Quatre cinq six Bercy (cas d'ivrognerie), huit prostituées, la concierge au pot de fleurs. Le thermomètre de Paris est resté à zéro. » Le 7 février, il enchaîne avec un autre article. En veille au commissariat du XVIIIe arrondissement, toujours autant factuel, son observation dénuée du moindre artifice, il apostrophe le lecteur : « Des crimes ? Le XVIIIe bat tous les records [...] Vous pensez peut-être aux mauvais garçons de la place Blanche ou de la place Pigalle, aux pâles voyous de la Chapelle et de Barbès, aux durs qui s'appellent eux-mêmes des terreurs ? [...] Si vous disiez cela au brigadier, il vous regarderait avec un drôle de sourire [...] Ces gens-là règlent leurs comptes entre eux et c'est un accident si on en entend parler. Non, les appels vont venir cette nuit, un samedi, jour de paie, de tout là-haut, de la zone. » Que dire de plus sinon qu'en journaliste ancré au plus près du réel par peu de détails essentiels, il brosse une atmosphère dans laquelle l'imagination affriandée du lecteur sinue déjà ? Toute la recette de son génie égal à celui de Maigret, qui ne fut jamais pris en défaut.

Jacques Mesrine (1936-1979)
L'ennemi public n° 1

« On a armé ma main au son de *La Marseillaise* et ma main a pris le goût de l'arme. »

Le 2 novembre 1979 à 15 h 15, porte de Clignancourt, à Paris, Jacques Mesrine, à bord de sa BMW, est pris dans une embuscade tendue par le commissaire Broussard, responsable de l'antigang : vingt et une balles tirées à bout portant, dont dix-huit l'ont atteint au torse, une dix-neuvième en prime dans la tête. Au terme de quinze ans de braquages, de meurtres et d'enlèvements, l'ennemi public n° 1 est vaincu.

Singulier parcours que celui de cet homme qui naquit dans une famille chrétienne en 1936, le jour de la Saint-Innocent, à Clichy-sous-Bois, situé à cette époque en Seine-et-Oise, et qui accomplit le début de ses études bâclées à Juilly, chez les Oratoriens. Adolescent turbulent, violent auprès de ses professeurs, ayant découvert le milieu de la prostitution à Pigalle, il s'engage en 1960 dans les parachutistes. En partance pour l'Algérie, il est décoré à sa libération de la croix de la Valeur militaire. Contaminé par ce mode audacieux d'exister, il est en manque d'adrénaline quand vient le retour à la vie civile. Adepte du risque à plein temps, il se lance dans une série de braquages et de cambriolages. À la manière d'un Arsène Lupin prompt à changer d'apparence, il va pratiquer le déguisement, apparaissant tantôt sous les atours d'un turfiste professionnel, casquette à carreaux sur le crâne, tantôt le visage

encadré d'un collier de barbe, à peu près conforme sous cette mise à celle d'un prof d'une discipline scientifique de l'époque, ou bien encore sous celle d'un quidam lambda, lunetté, le cheveu court, ordinaire.
En 1962, il tombe pour la première fois, condamné à dix-huit mois pour recel et cambriolage. Ce ne sont là que les prémices d'un palmarès chargé. Gérant d'une auberge dans l'Oise, base arrière de brigands capés de ses relations, il étend bientôt ses activités à l'international : cambrioleur à Palma de Majorque, braqueur à Genève, à Chamonix, à Paris, parti s'établir clandestinement au Québec en février 1968. Auteur d'un kidnapping sur place, en compagnie de Jeanne Schneider, sa nouvelle compagne, il s'enfuit en Arkansas, où il est arrêté en juillet 1969. Extradé vers le Québec, il y purge une peine pour enlèvement et séquestration du millionnaire Georges Deslauriers. En 1972, prince de la cavale, il se fait la belle du pénitencier de Saint-Vincent-de-Paul, semant ses poursuivants sur sa piste de braquages ininterrompus. De retour en France, en mars 1973, il blesse grièvement un agent de police au cours d'une altercation dans un café. Serré trois jours plus tard, condamné à vingt ans d'incarcération, emprisonné à Compiègne, il s'évade lors d'un transfert au Palais de justice. De nouveau en action contre une banque du Crédit Lyonnais, dans le VIIe arrondissement, en septembre, il est arrêté après deux braquages boulevard Barbès, à Paris, par le commissaire Broussard, avec lequel s'engage un duel à distance : il promet au policier de s'évader encore, à la première occasion.

L'instinct de mort

En 1977, sa réputation de malfrat accomplie, il prend la plume pour rédiger *L'Instinct de mort*, paru chez Lattès, une autobiographie qui met, entre autres, en lumière l'existence des QHS – quartiers de haute sécurité –, tandis qu'il moisit dans l'un d'eux à Fleury-Mérogis. Dans cet ouvrage à tout le moins sulfureux, non sans un certain narcissisme, il revendique trente-neuf crimes. Condamné à vingt ans de prison, il est transféré à la Santé. C'est de cette enceinte implantée au cœur du XIVe arrondissement à Paris qu'il s'évade le 8 mai 1978, notamment en compagnie d'un certain François Besse. « Quelle bavure ! » titre *France-Soir* le lendemain. À rappeler ici : cette évasion spectaculaire lui valut le titre de personnalité de l'année par les lecteurs de *Paris Match.*

À l'air libre, il se montre toujours aussi volatil, capable de resurgir sans cesse où on ne l'attend pas, un jour à braquer sur la côte normande, le casino de Deauville, peu après repéré à Évian à l'assaut d'un commissariat en vue de récupérer des tenues de policiers. Tandis qu'il se vante d'opérer avec discernement, de ne pas tuer à mauvais escient, sa réputation d'ennemi n° 1 s'épaissit. En dépit des opérations d'envergure des policiers épaulés par le GIGN, il file entre les mailles du filet comme doté d'un sixième sens, doué d'ubiquité ou de prémonition. À cette heure, en mai 1978, flanqué de François Besse dit le « le roi de l'évasion », ou encore « l'Anguille » – sept évasions au compteur –, Mesrine court toujours. Tandis que les limiers lancés à ses trousses le pensaient se préparant à frapper au casino d'Évian, il réapparaît au Raincy, en banlieue parisienne, au guichet de la Société Générale, où il se fait remettre le butin.

À partir de cet épisode, sa cavale agitée et productive (d'un point de vue scélérat) vire au rocambolesque. En effet, fin juillet, dans *Paris Match* en France, dans *Allô Police* au Québec, paraît une interview réalisée par la journaliste Isabelle de Wangen, dans laquelle il affirme nettement ne pas vouloir se laisser capturer vivant : « Je ne me rendrai jamais. Le coup de recevoir les flics au champagne, c'est un folklore qui est terminé. Maintenant, c'est la guerre [...] Si je suis enfermé dans un endroit avec des gens, je les ferai sortir. Je ne veux pas d'otages. Mais il y a intérêt à ne pas me rater. Je dis cela sans haine. Il n'y a pas de haine, c'est une question de survie. » Il y relate avec minutie son évasion de la Santé, dénonçant sans les nommer de nombreuses complicités parmi le personnel de surveillance, un véritable camouflet pour l'administration pénitentiaire, le ministère et Broussard, acharné à sa poursuite. Dans cette interview, jouant de supériorité et de professionnalisme, il explique sa « philosophie » opérationnelle, spécialement lors du braquage de la Société Générale au Raincy : « Je n'aime pas la violence. Travailler en frappant n'est pas mon système, on a neutralisé les esprits sans se servir des armes. C'était un hold-up psychologique. Je n'ai aucun remords à voler des banques, j'ai l'impression de voler plus voleur que moi. » En Robin des Bois ou en Mandrin, il ne se sent que plus légitime. Isabelle de Wangen étant inquiétée en justice à la suite de ce scoop, Mesrine s'évapore à nouveau. Après coup, on saura qu'il s'est déplacé en Algérie, en Sicile, en Angleterre. Bref, une parenthèse de haute tension, sous des accoutrements divers, durant laquelle il s'octroie en quelque sorte de menues vacances. Nous sommes en novembre. Flanqué d'un complice, Mesrine se présente au domicile du juge, président de la cour d'assises de Paris. En son absence, il séquestre son épouse, sa fille, son gendre, et disparaît.

Fin de cavale

Pour lui, une brigade « anti-Mesrine » a été créée. Lui qui s'est targué d'avoir trente-neuf cadavres sur la conscience peut se réjouir, sa traque équivaut bien à son palmarès outrageusement gonflé en matière de crimes. Tout à sa mégalo, début septembre 1979, il tend un guet-apens au journaliste de *Minute* Jacques Tillier, un ancien de la DST qu'il torture, le blessant par balles, soupçonnant qu'il soit une balance. Dans le journal de 20 heures de Patrick Poivre d'Arvor, sur Antenne 2, Jacques Tillier témoigne sur son lit d'hôpital : « Jacques Mesrine a voulu punir un journaliste de *Minute*, il a voulu jouer aux Brigades rouges, punir un ancien flic [...] Entre lui et moi, il y avait des garants qui ont trahi et qui auront, un jour, peut-être, quelque chose à dire. » L'affaire ne fut jamais proprement élucidée. Désormais, il ne fait pas bon se risquer à écrire un papier sur cet ennemi public n° 1 très jaloux de son

image. Sûr de la fascination malsaine qu'il exerce, de son impact inquiétant sur l'opinion, il s'abîme dans le syndrome d'invincibilité, qui finira par le mener à sa perte. Jusqu'à s'en prendre aux plumitifs ou à leurs commanditaires – en l'occurrence, Jean-Claude Lattès, l'éditeur de *L'Instinct de mort*, qu'il menace en janvier par courrier afin qu'il lui adresse le montant des droits d'auteur qu'il estime lui être dû. Un livre épié, épluché, scandaleux, où, entre deux pages de confessions égotiques, Mesrine, façon Villon des temps modernes, ne dédaigne pas de jouer les poètes : « L'ombre des barreaux se reflète sur les murs délavés des cellules comme pour y emprisonner la seule évasion que représente le rêve. »
Ou bien encore : « À quoi sert de pleurer le soleil, tes larmes t'empêchent de voir les étoiles. » Alors que Lattès avait été grandement critiqué de l'avoir publié, à présent, au grand plaisir de ses détracteurs, il semble recevoir en retour la juste peine morale de son choix. De quelque manière qu'il agisse, Mesrine laissait dans son sillage un parfum de scandale, de violence et de chantage.
Pour l'heure, il loge à Paris, dans le XVIIIe arrondissement, rue Béliard, non loin du carrefour où il sera abattu. Redoublant de précautions, brouillant les pistes, averti que le commissaire Broussard ne le lâchera pas, il se tapit à domicile, se confond dans la foule. Coup de flambe, cette fois, c'est par un enlèvement qu'il se signale, celui d'Henri Lelièvre, un riche industriel sarthois, âgé de 81 ans, qui sera libéré contre une rançon de 6 millions de francs au terme de cinq semaines de séquestration.

Et comme, dans sa vie, rien n'avait été banal, sa mort dans une embuscade – terme réfuté par les autorités – fit couler beaucoup d'encre, les policiers plaidant la légitime défense sans qu'elle fût établie après enquête. En cours d'assises, à propos du commissaire Broussard, Mesrine avait déclaré : « La prochaine fois qu'on se verra, ce sera lui ou moi. Le premier qui tirera aura raison, ça se passera dans la rue. » Sous la haute gouverne de son traqueur patient, ce fut lui. Reste alors ses mots, qui résonnent bizarrement aujourd'hui tandis qu'il ne s'était jamais montré modeste : « Ce qu'il y a de terrible, c'est que certains vont faire de moi un héros, et il n'y a pas de héros dans la criminalité. Il n'y a que des hommes qui sont marginaux et qui n'acceptent pas les lois. »
Presque une vingtaine d'ouvrages écrits, pas loin d'une dizaine de films, téléfilms ou documentaires dédiés à sa légende noire : Mesrine n'aura pas manqué son rendez-vous avec la postérité.

Le crime familial

Pères, mères, frères, sœurs, cousines, cousins...

Siège de toutes les tensions, frontales ou transversales, la famille s'impose en lieu privilégié du crime au concours de la passion, de la jalousie, de rivalités conscientes ou non, de multiples mobiles souterrains inhérents à sa composition. Parricide, matricide, infanticide, fratricide, ni les mots ni les combinaisons ne manquent pour définir ce crime au plus près. Si nous nous intéressons plus particulièrement, ci-après, à celui que commet un père sur sa progéniture – le filicide, sorte de syndrome de Médée au masculin –, la diversité règne au royaume de la tragédie familiale.

D'ascendant à descendant… ou le contraire

Exemplaire du filicide, le meurtre de Corancez, en 1901, en Eure-et-Loir, dit l'affaire Brière : un père, veuf, massacra ses cinq enfants au mobile que sa voisine, dont il était épris, lui refusait le mariage en raison de ces derniers. Mais l'inverse existe tout autant, et nous retiendrons à ce titre l'affaire Levasseur, en 1935 : au bourg des Grandes-Ventes, le fils Fernand, pris de boisson, poignarda son père pour un motif indéterminé. Entre parents, époux, le drame s'intensifie : celui de la forêt de Bondy en 1899, vit Louise Ledenschswidt fusiller le père de ses enfants, qui la soupçonnait d'adultère – un classique souvent dupliqué, dans les deux sens. À toutes les époques, ce schéma familial perverti accoucha de meurtres d'une atroce intensité. Ainsi, plus près de nous, en 2005, à Ermont, un fils tua sa mère à coups de couteau parce qu'il l'estimait possédée – un meurtre aux racines psychiatriques.

Assez proche dans sa motivation de celui de Loches, au lieu-dit Les Eées, en 2011 : un père de 78 ans exécuta de sang-froid son fils de 43 ans, dans un contexte délétère, aux accents ruraux d'un autre siècle. Même misère, autre région : sur fond d'inceste, en 1955 à Saint-Omer, un dénommé Jules Duhameau poignarda sa fille de 20 ans, mariée, dont il abusait depuis l'enfance. Il n'avait pas supporté qu'elle veuille s'éloigner de lui. Motifs innombrables, dimensions multiples et variées, le crime familial ne retombe jamais.

Jean-Claude Romand : l'assassin mythomane

Si le mensonge est une vilaine manie, la mythomanie, sa matrice, est une piste plus escarpée encore, surtout lorsqu'elle incline au crime pour ne pas être prise en défaut. C'est à l'encre du sang de cinq victimes que s'écrivit un chapitre inouï des annales du crime familial en France, le 9 janvier 1993 à Prévessin-Moëns, dans l'Ain. Faux médecin, véritable assassin, Jean-Claude Romand aura signé le pire des romans noirs à la dimension de sa froideur pathologique.

Sur fond social apaisé dans le cadre d'une famille dupée, ce carnage conjecturé, qui n'avait d'autre finalité que de couvrir la fable de son auteur, ne fit que renforcer son horreur. Le front dégarni d'une calvitie naissante, un regard anodin, d'une neutralité que l'on pourrait presque qualifier de bienveillante, un visage aux traits arrondis : ce quadragénaire aurait, effectivement, possédé le physique de l'emploi si, ainsi qu'il s'usait à le faire croire à tous, il avait été médecin. Mais, il ne l'était pas. Là s'enracinent les motifs de son crime.

D'abord, les faits. Le 9 janvier 1993, à son domicile, il tue sa femme avec un rouleau à pâtisserie, puis sa fille, Caroline, âgée de sept ans, son fils, Antoine, cinq ans, avec une carabine 22 long rifle. Après quoi il range la maison, relève le courrier et va en ville acheter la presse. Enfin, il s'installe devant la télévision. À la mi-journée, il se rend chez ses parents pour déjeuner à Clairvaux-les-Lacs, une petite commune du Jura. Après le déjeuner, il les abat de sang-froid, ainsi que le chien, un labrador. Ce quintuple meurtre accompli, il file au volant de sa voiture vers Paris pour passer la soirée avec une ancienne maîtresse, Chantal Delalande, dentiste. Prétextant l'emmener dîner à Fontainebleau avec Bernard Kouchner, son ami prétendu, il tente de l'étrangler en forêt. Finalement, il l'épargne en échange de son silence – il avait des dettes envers elle qu'il avait promis de lui rembourser ce jour-là. De retour à son domicile, dans la soirée du samedi, il ingurgite des barbituriques, s'asperge d'essence et déclenche un incendie. À l'heure où passent les éboueurs, tôt le matin, ceux-ci, s'apercevant du sinistre en cours, alertent les pompiers. Lesquels, rendus sur place, découvrent les corps des victimes et celui, inerte, de Jean-Claude Romand dans le coma. Ils le convoient d'urgence à l'hôpital de Genève, où il sera sauvé. Déjà, la précision chronométrée des faits témoigne d'une préméditation froide, tandis que Romand, finalement, a raté son suicide en raison d'un concours de circonstances malencontreux qui l'a, contre sa volonté, épargné. Quel autre regard eût été porté sur cette abjecte affaire s'il avait réussi à mourir ? Le 16 janvier, *Libération* résumait ainsi le crime : « Pour sa femme, ses enfants, ses parents, il a toujours été un médecin brillant. Un soir, il les a tués. Puis, deux jours après, a tenté de se suicider. Alors qu'il sort du coma, l'enquête révèle qu'il escroquait ses proches depuis des années. »

Trois ans après cette tuerie, Romand comparaît devant la cour d'assises de Bourg-en-Bresse. À la présidente qui l'engage à décliner sa profession, il répond : « Je n'en ai plus. » Une réponse totalement ahurissante. Il n'a jamais eu de métier, ou alors surgi de son imagination prolifique quand il se proclamait médecin chercheur à l'OMS (Organisation mondiale de la santé). De falsifications en tromperies sur la durée, il n'avait plus pu reculer. Corroborant cette réalité, devant la cour, il allégua : « Quand on est pris dans cet engrenage de ne pas vouloir décevoir, le premier mensonge en appelle un autre, et c'est toute une vie. » Resté froid à l'énoncé de ses méfaits, il ne craquera qu'à celui du meurtre de son chien. En fin de cession, des accents mélodramatiques dans la voix, en manipulateur désemparé, dans une ultime tentative d'apitoyer les jurés et la cour, il déclare : « C'est à toi ma Flo, à toi ma Caro, mon Titou, mon Papa, ma Maman, que je voudrais parler [...] Je vous demande pardon. Pardon d'avoir détruit vos vies, pardon de n'avoir jamais dit la vérité [...] Pardon de n'avoir pu supporter l'idée de vous faire souffrir. » Quoi qu'il en soit, son sort est scellé.

Après cinq heures de délibérés, aux mobiles conjoints d'homicides, de tentative d'assassinat, d'incendie volontaire et d'abus de confiance, il est condamné à la prison à perpétuité, peine assortie de vingt-deux ans de sûreté. Ce n'est pas sans un certain génie de la contrefaçon, celle de sa personnalité et d'un scénario adapté, qu'il aura déployé un mensonge hors norme au quotidien pendant vingt ans. Le 27 juin 1996, *Libération* évoquait les « journées sans but » du « docteur » : des journées entières passées sur des parkings, ponctuées de balades en forêt ou occupées à des lectures assidues à la bibliothèque de l'OMS. Dans sa cible, alors, un seul objectif, le temps – à tuer ! Romand contre Romand, un challenge qu'il remplit... Sujet d'un ouvrage d'Emmanuel Carrère, *L'Adversaire* (P.O.L, 2000), il se verra consacrer deux films, l'un signé Laurent Cantet, *L'Emploi du temps* (2001), l'autre Nicole Garcia, *Insoupçonnable* (2002). Cette tragédie sordide était le fruit de l'inventivité perverse d'un personnage que sa mythomanie active aurait conduit devant un jury de scénaristes ou de romanciers à recevoir la palme – ses crimes en moins.

Depuis toujours, face à ses parents d'abord, puis face à sa femme, il avait menti avec une exactitude horlogère, quand il affirmait avoir réussi sa médecine alors qu'il avait été retoqué en deuxième année à la fac de Lyon, en 1970, quand il détaillait, le soir, ses journées fructueuses. Fils unique, renfermé – déjà –, il se réfugiait dans un imaginaire trouble lui tenant lieu à la fois de bouclier et de vitrine, celle d'un rêveur introspectif. Entre 1975 et

1986, il avait réussi la performance de se réinscrire douze fois en deuxième année.
Sa manigance percée à jour en 1986, il disparut des listes. Grossi, dépressif – vraisemblablement –, il prétendit avec un aplomb stupéfiant auprès de ceux qui s'étonnaient de son état, ses amis, avoir un cancer – un lymphome. La mécanique de la dissimulation, du double jeu, fonctionnait déjà à plein. À la hauteur de sa construction de personnage de ponte, il s'évertuait à éplucher des livres médicaux, des articles de pointe, si bien qu'il parvint à donner le change auprès de tous, praticiens compris. Par cette stratégie, il finit par endosser la réputation d'une sommité. Cela pour le masque. Mais il lui fallait subsister, subvenir aux besoins de sa famille. Et, dans ce cas, quelle autre issue que d'escroquer, de s'adonner à une cavalerie savamment organisée ? Tapant aux goussets de tous, promettant de francs rapports dans le cadre d'investissements en Suisse dont il était garant, il fit briller de juteux dividendes en retour. À ce miroir, ses beaux-parents s'aveuglèrent : le 23 octobre 1988, son beau-père Pierre Crolet, qui lui avait demandé quelques jours auparavant le remboursement de la somme qu'il lui avait empruntée, se tua en chutant dans un escalier – Romand, seul présent au moment des faits, ne fut pas inquiété, la thèse de l'accident étant retenue. À son oncle, il avait vendu de faux médicaments contre le cancer. En 1992, il avait recueilli un pécule considérable de la main de sa maîtresse, l'équivalent de 137 000 euros aujourd'hui – cette même somme qui avait failli coûter la vie à la prêteuse, Chantal Delalande.

À ce stade, peu à peu, quelques-uns autour de lui s'interrogeaient. Sa personnalité attentive, son érudition consommée en matière médicale, sa réserve naturelle, bref, son comportement portait malgré tout au respect. Or, comme on ne change pas une formule gagnante, il l'exerça encore, toujours aussi mystérieux, tant qu'il intriguait. Sur le ton de la plaisanterie, quelques jours avant les faits monstrueux dont elle serait la victime, sa femme avait en substance déclaré à l'une de ses amies qu'elle n'aurait pas été surprise qu'il fût un espion russe. Cependant, insidieusement, sa double vie commençait à souffrir de manques, surtout lorsque son entourage se mit à exiger sinon les retours sur investissement espérés, en tout cas les montants bruts consentis. Des dettes impossibles à combler, la crainte d'être découvert, de décevoir les siens, comme il l'avoua, tels sont bien les motifs de son passage à l'acte dévastateur le 9 janvier 1993. D'une évidente clarté, il bouclait une mystification assez unique dans l'histoire du crime. Pour éclairer la personnalité polymorphe de Romand, ce fut du côté de la psychiatrie qu'il fallut chercher. Où, en condensé, la piste de la rage narcissique fut pointée. Elle résumait au plus près les troubles fondamentaux de cet imposteur qui, ne vivant qu'à travers le regard des autres, s'était mué en assassin décomplexé – auteur, en quelque sorte, d'un crime d'amour-propre.

Une réalité demeure, prémonitoire en l'état, qui remonte à quelques jours avant la tuerie. Jean-Claude Romand avait relu un livre qui avait marqué son adolescence, signé d'Albert Camus : *La Chute*.

Grands flics et détectives
Une chronologie à travers les époques

Tous plus ou moins inspirateurs d'Arsène Lupin, de Rouletabille, de Maigret, de Nestor Burma et d'autres, ils ont marqué l'histoire du crime en France. En chair et en os, en plus d'avoir collaboré à la protection des citoyens, grâce à leurs hauts faits d'armes, ils auront soufflé de belles pages à la fiction.

Joseph fouché (1759-1820)

Ministre de l'Intérieur en 1809 sous l'Empire, ex-jacobin, révolutionnaire, puis rallié à Napoléon, il est considéré par l'historien Jean Tulard comme le père de la police moderne. De fait, il inventa les réseaux d'indicateurs, dont il centralisa les informations, les fonds secrets et, d'un point de vue plus politique, les Renseignements généraux.

Eugène-François Vidocq (1775-1857)

Aux fondements d'une mythologie romanesque liée à sa personne, tour à tour voleur, indic, flic puis détective privé, il fut le prince des coups tordus. Brevetant le déguisement dans son mode opératoire, physionomiste, il revendiqua 16 000 arrestations. Il inspira de nombreux auteurs, dont Balzac, pour Vautrin, personnage récurrent de *La Comédie humaine*.

Pierre Allard (1790-1860)

Successeur de Vidocq à la Sûreté, actif sur le terrain, il se signala rapidement pour son efficacité. En dépit de sa fonction, il entretint une relation d'amitié avec Lacenaire.

Louis Canler (1797-1865)

Entré à la préfecture de police en 1820, inspecteur à la Sûreté parisienne à partir de 1825, adjoint au chef de la Sûreté, Pierre Allard, il se signala spécialement en 1844, sous Louis-Philippe, pour l'arrestation de Lacenaire. Il rédigea ses Mémoires, qui inspirèrent des vocations à la génération suivante d'inspecteurs, parmi lesquels Gustave Rossignol.

Antoine Claude (1807-1880)

Chef de la Sûreté sous le second Empire, il laissa des Mémoires apocryphes : les *Mémoires de Monsieur Claude*.

Louis Lépine, le préfet Lépine (1846-1933)

Plus qu'un enquêteur, un nom comme un label associé aux activités de la brigade criminelle, qu'il contribua à créer – la brigade du Chef, département de la Sûreté criminelle de Paris – en juin 1912. De même, il avait encouragé les débuts de la police scientifique. Il fut par ailleurs l'initiateur du fameux concours des inventeurs en 1901 : le concours Lépine.

Marie-François Goron (1847-1933)

Entré à la préfecture de police en 1881, il en devint le chef en 1886. Réputé pour son rôle déterminant dans l'affaire Gouffé, la malle sanglante de Millery, à partir de 1895, il se consacra à l'écriture de ses Mémoires et d'une dizaine de romans policiers à succès : *Nuits rouges*, *Les Mémoires de Poum, chien de police*, *Le Crime de la rue de Javel*, etc.

Gustave Rossignol

Entré à la préfecture en 1875, grande figure du Quai des Orfèvres, il était surnommé l'Oiseau-Mouche. As du déguisement pour la planque et les filatures, d'une audace inouïe, il signa 1 200 arrestations. Opérant sans arme – « Si on charge un agent d'arrêter un individu, c'est pas pour le rapporter mort » –, il s'illustra notamment par l'arrestation de l'anarchiste Clément Duval, en octobre 1886.

Louis Warzé

Ex de la brigade mobile menant de front ses activités de souteneur et de cambrioleur au tournant de la Belle Époque, il avait été chargé d'enquêter sur ses propres méfaits. Surnommé Nick Carter chez les Apaches, il inspira à Allain et Souvestre le sixième épisode des aventures de Fantômas : *Le Policier apache*.

Alphonse Bertillon (1853-1914)

Criminologue, inventeur de l'anthropométrie judiciaire, le « bertillonnage », il vit son procédé adopté non seulement en France, mais aussi aux États-Unis. C'est notamment grâce à celui-ci que fut confondu et arrêté l'anarchiste Ravachol, en 1890.

Célestin Hennion (1862-1915)

Ayant fait preuve de son républicanisme en s'engageant au début de la Troisième République contre les comploteurs – anarchistes et boulangistes –, il créa en 1907, avec le soutien de Georges Clemenceau, les brigades du Tigre, des brigades régionales de police mobile ancêtres de la police judiciaire.

Martial Calchas, dit Calchas

Entré à la Sûreté en 1905, il fonda son agence de police en 1910. Comme Rossignol, c'était un as du déguisement, capable de se fondre dans n'importe quel décor, tous deux annonciateurs du personnage d'Arsène Lupin.

Eugène Villiod, dit l'homme à la clef

Agence de détectives : renseignements commerciaux et confidentiels, enquêtes, recherches, surveillance. Auteur de romans policiers, dont *L'Héritier d'un grand nom*, *Le Détective gentleman*, etc.

Henri La Barthe, dit Ashelbé (1887-1963)

Détective, journaliste, auteur de romans policiers – *Pépé le Moko* (1931), *Dédée d'Anvers* (1939) –, scénariste, il créa *Le Détective*, une feuille policière qu'il revendit à Gaston Gallimard en 1928.

René Casellari, dit le Sherlock Holmes en chair et en os

Ex de la Sûreté, collaborateur de Scotland Yard, il fonda à Paris l'Agence détective internationale. En 1911, il avait été mandaté pour rechercher *La Joconde* disparue, et s'était fait passer pour un milliardaire renommé, Archibald Smith.

Pierre Bonny (1895-1944)

Fusillé après la Seconde Guerre mondiale pour son appartenance à la Gestapo française, Bonny avait été un inspecteur important commis dans des affaires célèbres (Seznec ou Stavisky) avant 1935, date à laquelle il fut révoqué de la police pour corruption.

Roger Borniche (1919-)

Le commissaire Borniche, par ailleurs auteur prolifique – *Flic Story*, *Le Gang*, *Le Coréen*, etc. –, se distingua notamment dans la traque du redouté gang des Tractions Avant, d'Émile Buisson, de Pierrot le Fou n° 2 et de René la Canne.

François Le Mouël (1927-2015)

Fondateur de la BRI de Paris, il est réputé être le tombeur de la French Connection. Il obéissait à sa doctrine personnelle : « Partir du criminel pour aller au crime. »

Georges N'guyen Van Loc, dit le Chinois (1933-2008)

Créateur du premier groupe d'intervention de la police nationale (GIPN) en 1972, ayant accompli sa carrière à Marseille, il se rendit populaire par son ouvrage *Le Chinois*, en 1989, qui rend compte de son action contre le milieu dans la cité phocéenne.

Lucien Aimé-Blanc (1935-)

Chef-adjoint de la BRI puis de la brigade des stupéfiants, patron de l'Office central de répression du banditisme (OCRB), il enquêta notamment sur les affaires Ben Barka (1965), Henri Curiel (1978) Pierre Goldman (1979).

Robert Broussard (1936-)

Patron adjoint de l'Antigang – les brigades de recherche et d'intervention (BRI) –, en 1972, il reste célèbre pour son arrestation de Jacques Mesrine, le vendredi 2 novembre 1979, porte de Clignancourt, à Paris, dans des circonstances imprécises qui déclenchèrent une polémique. Flic de choc, il abattit William Zemmour en février 1975 au bar Le Thélème, à Paris.

Charles Pellegrini (1938-)

Patron de l'OCRB, son nom est attaché aux affaires de Clairvaux, du gang des Lyonnais, des braqueurs meurtriers du Club Méditerranée, à la traque de Jacques Mesrine et du grand banditisme en général.

Martine Monteil (1950-)

Première femme à diriger la brigade des stupéfiants et du proxénétisme, la brigade de répression du banditisme, la brigade criminelle et la PJ, elle fut à l'origine et à la conclusion du démantèlement du réseau de prostitution mondaine de Madame Claude au milieu des années soixante-dix, ainsi que des arrestations des tueurs en série Mamadou Traoré et Guy Georges. Lorsqu'elle avait enquêté sur les conditions de la mort de Diana Spencer, membre de la famille royale britannique, elle fut surnommée par le *Time* : Mademoiselle Maigret.

Chronologie des crimes les plus célèbres de 1901 à 1997

De l'affaire Brierre à Patrice Allègre

1901

Affaire Brierre – Le crime de Corancez – Paysan, veuf, il est accusé du crime de ses cinq enfants dans la nuit du 21 au 22 avril 1901, en Eure-et-Loir.

1907

Affaire Albert Soleilland – Le 31 janvier, il viole et tue Marthe Erbededing à Paris.

1911-1912

La bande à Bonnot sévit en Île-de-France – Meurtres et braquages – Premier gang motorisé.

1914

Affaire Caillaux – L'épouse du ministre des Finances abat à Paris Gustave Calmette, directeur du *Figaro*, qui avait déclenché une campagne de presse contre son mari.

1915-1919

Affaire Landru – En quatre ans, ce monstre de cynisme fait disparaître dans sa chaudière onze femmes qu'il a séduites et auxquelles il a extorqué leurs économies. Il mourra sur l'échafaud le 25 février 1922.

1923

Affaire Seznec – Guillaume Seznec est condamné au bagne pour la disparition et le meurtre du conseiller général Pierre Quéméneur, dans le Finistère.

1927-1949

Affaire Marie Besnard – Empoisonnements multiples à Loudun.

1932

Assassinat de Paul Doumer le 6 mai, à Paris, par Paul Gorgulov.

1933

Affaire Papin – Christine et Léa massacrent leur patronne et sa fille au Mans, le 2 février.

1933

Affaire Violette Nozière – Elle empoisonne son père le 21 août, à Paris.

1934

Affaire Stavisky – Trafic financier – Stavisky est retrouvé « suicidé » le 8 janvier, à Chamonix.

1937

Affaire Weidmann – Enlèvement et meurtre de six personnes – Dernier condamné guillotiné en public.

1940-1943

Affaire Giraud – Vingt-sept avortements illégaux – Seule femme condamnée à mort pour ce motif.

1941-1944

Affaire Petiot – Assassinat de vingt-sept personnes pendant l'Occupation, à Paris.

1945-1951

Le gang des Tractions Avant commet meurtres et braquages.

1952

Affaire Dominici – Assassinat d'une famille anglaise dans les Alpes-de-Haute-Provence.

1954

Affaire Fesch – Braquage suivi du meurtre d'un gardien de la paix, le 25 février, à Paris.

1959

Affaire Rapin – « Le gros Bill » tue cinq personnes.

1960-1980

Affaire Recco – Meurtre de huit personnes, à Propriano en 1960, à Béziers en 1979, à Carqueiranne en 1980.

1961-1979

Affaire Mesrine – Braquages, évasions, enlèvements, tentatives d'assassinat.

1967

Affaire Guérini – Meurtre d'Antoine Guérini, l'un des parrains de la fratrie Guérini, du milieu marseillais, le 23 juin.

1971

Affaire Buffet-Bontems – Assassinat de deux otages à la prison de Clairvaux, le 21 septembre.

1972

Affaire Tramoni – Assassinat du militant gauchiste Pierre Overney le 25 février, à Boulogne-Billancourt.

1972

Affaire de Bruay-en-Artois – Assassinat de Brigitte Dewèvre, seize ans, le 6 avril.

1974

Affaire Ranucci – Enlèvement et meurtre de Marie-Dolorès Rambla, le 3 juin, à Marseille.

1975

Affaire du juge Renaud – Le juge François Renaud est assassiné le 3 juillet, à Lyon.

1975-2000
Affaire des disparues de l'Yonne – Émile Louis inculpé.

1980-1987
Disparus de Mourmelon – Le sergent Chanal, inculpé, se suicide.

1981
Tuerie d'Auriol – Exécution de Jacques Massié, responsable du Service d'action civique, et de sept personnes de sa famille, le 18 juillet.

1981
Affaire du juge Michel – Le juge Michel est assassiné le 21 octobre, à Marseille.

1981-1986
Le gang des postiches enchaîne braquages et prises d'otages.

1981-1997
Affaire Guy Georges – Viols et assassinats de sept jeunes femmes.

1982-1992
Le gang de la Brise de mer opère des braquages en série.

1983
Tuerie du Sofitel – Sept personnes abattues dans la nuit du 4 au 5 août.

1984

Affaire Grégory – Meurtre de Grégory Villemin, quatre ans, retrouvé ligoté dans la Vologne.

1984-1992

Affaire Francis Heaulme – Assassinat d'au moins neuf personnes.

1985

Affaire Weber – Meurtre de Bernard Hettier, en juin.

1985-1988

Affaire Cons-Boutboul – Assassinat de Jacques Perrot le 5 mai, au Havre.

1986-1988

Affaire Succo – Crimes, viols et cambriolages.

1987-2001

Affaire Fourniret – Enlèvement, viol et assassinat d'au moins sept jeunes filles.

1989-1997

Affaire Patrice Alègre – Meutres et viols en série à Toulouse.

L'auteur

Christian-Louis Eclimont était journaliste, écrivain et romancier, auteur d'une trentaine d'ouvrages, dont des romans noirs – *Berry Texas* (Méréal, 1998), *Pollutions* (collectif, Le Fleuve Noir, 1999), *Les Zilarants* (L'Écailler du Sud, 2008). Fervent amateur de culture populaire – chanson, pop culture, sport –, il s'est penché ici sur les fondamentaux du crime, du fait divers à la source de fictions sans cesse renouvelées.

Responsable éditoriale : Valérie Langrognet
Composition : Nord Compo
Conception graphique de la couverture : Allright

Édition originale illustrée ©2019 Prisma Media
Crimes à la une

ISBN : 978-2-8104-3182-3
Dépôt légal : octobre 2021
Imprimé en Slovénie par DZS

MIXTE
Papier issu de sources responsables
FSC® C106600